Trompe-l'œil, Louis-Léopold Boilly (1761–1845)

Playing the Human Game

Collected Poems of

ALFRED BRENDEL

Playing the Human Game

English versions of the poems by the author with RICHARD STOKES

Contents

ANGELS AND DEVILS I
ENGEL UND TEUFEL I

Angels
Engel

Devils
Teufel

GODS AND MONSTERS
GÖTTER UND MONSTREN

ANGELS AND DEVILS II
ENGEL UND TEUFEL II

Angels
Engel

Devils
Teufel

Both
Beides

HUMANS AND PHANTOMS
MENSCHEN UND PHANTOME

ANIMALS AND CHARACTERS
TIERE UND TYPEN

MASKS AND MUSIC
MASKE UND MUSIK

LAUGHMAN AND WIT
LACHMANN UND WITZ

REFLECTION AND CHIMERA
SPIEGELBILD UND SPUK

THANKS
DANK

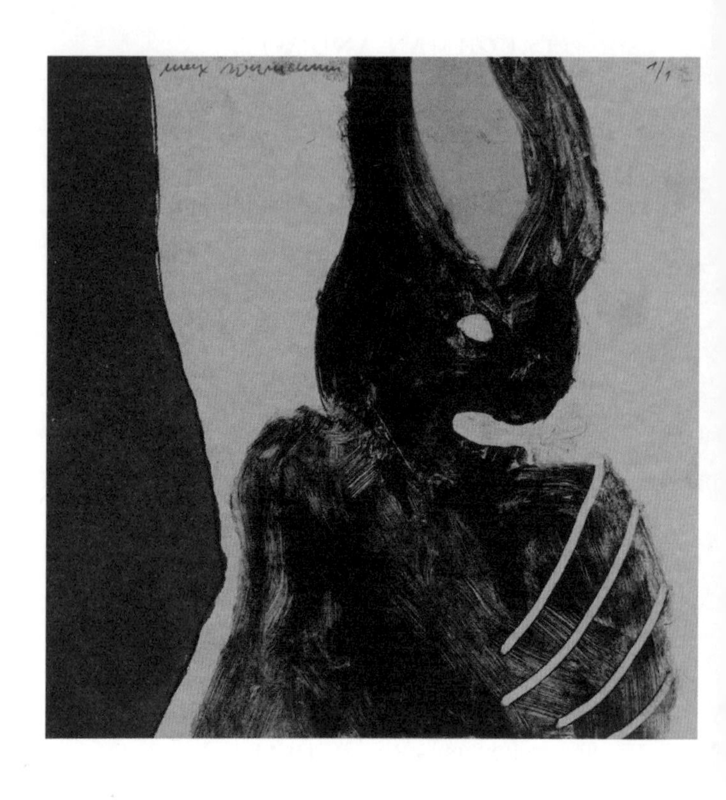

Untitled, Max Neumann (b. 1949)

ANGELS AND DEVILS I

ENGEL UND TEUFEL I

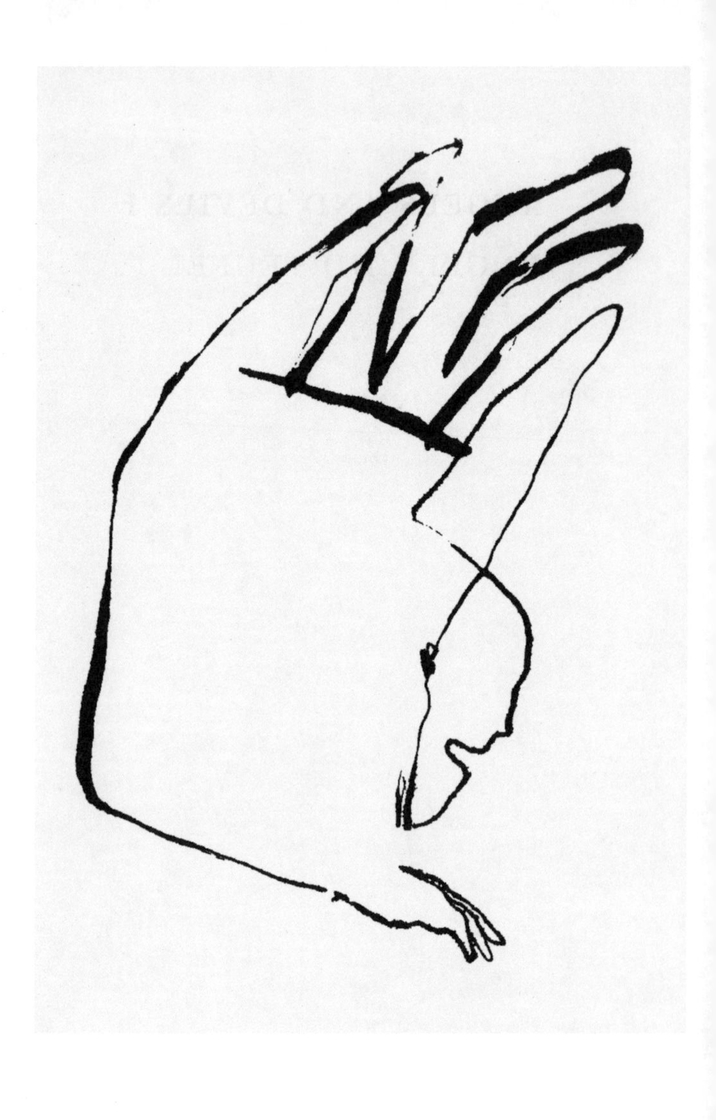

Between Inside and Outside, Ernst Skrička (b. 1946)

Angels
Engel

Im Paradies angekommen
fragen wir uns
skeptisch bis zum letzten
Was geht hier eigentlich vor
Taube dürfen hier Musik hören
Musiker müssen aufspielen
Stumme haben sprechen gelernt
Redende beginnen zu lallen
Die Lahmen laufen wie die Wiesel
wenn sie nicht in der Luft herumfliegen
Wir Machtlosen
bleiben machtlos
etwas elegisch
geben wir uns damit zufrieden
sehen zu wie Häßliche schön werden
Engel
mit geschwärzten Flügeln
vom Himmel fallen
und die Schlange am Baum
uns entgegenzüngelt

—

After arriving in paradise
we ask ourselves
sceptics to the last
what on earth is going on here
The deaf listen to music
while musicians have fallen silent
The dumb have acquired speech
while the eloquent start to babble
The lame run like weasels
when not darting through the air
We
the powerless
stay powerless
content
with but a tinge of regret
watching the ugly grow beautiful
angels with blackened wings
drop from the sky
and the serpent
aim at us
hissing from its tree

—

Man muß sie herbeiwünschen
Engel lassen sich bitten
Zunächst
muß man sich die Engel
ganz genau vorstellen
den Hundskopf
die Krallenfüße
einen weißen und einen schwarzen Flügel
rote Pupillen
dazu diese süße Stimme
Sobald ich die Stimme höre
weiß ich
jetzt ist er da
dann öffne ich die Augen
und sehe daß alles
meiner Vorstellung entspricht
das Format
eines übermenschlichen Huhns
das tadellose Deutsch
der kleine Buckel
die Aura
das kann kein Teufel sein
bekanntlich
ist den Teufeln
die Aura abhanden gekommen
Komm
süßer Engel
singe ich
und verrate mir
dein Geheimnis
2 × 2 = 13
sagt der Engel

—

One needs to coax them in
Angels like to be asked
First of all
you have to precisely
imagine their looks
clawed feet
one white one black wing
red eyeballs
the sweetness of their voice
The moment I hear that voice
I know it has arrived
Opening my eyes
I see it looks exactly
the way I imagined
the shape
of a superhuman hen
the discreet hunchback
the fluent German
the aura
Couldn't possibly be a devil
devils have lost their aura
as everyone knows
Come sweet Angel
I sing
and betray your secret
$2 \times 2 = 13$
says the Angel

—

In der Telefonzentrale des Himmels
sitzen sie
mit gesträubten Flügeln
und stöpseln
Das System ist antiquiert
eine Errungenschaft der ersten Stunde
Wenn Gott kurbelt
kracht es in der Leitung
Verbindungen
werden brüsk unterbrochen
Hie und da
hört man verzerrt eine Stimme
das kann nur der Chef sein
unverkennbar dieser quäkende Ton
Keiner versteht was er sagt
Was jedermann wahrnimmt
ist
daß er schimpft
Mit den Engeln kommen wir besser zurecht
Ganz dicht am Ohr
seufzen sie
und sprechen von Liebe

—

In Heaven's Telecom
angels man the switchboard
Plugging and unplugging
they crouch there
wings bristling
The system
an early acquisition
is antiquated
When God cranks the handle
there is a roar on the line
connections
are cut off abruptly
Off and on
you can catch a distorted voice
must be the Boss
unmistakable those squawking sounds
No one can make out what he's on about
It's clear to all though
that he's swearing
Angels are easier
right next to your ear
they sigh
and talk love

—

Es gibt Allergiker
die reagieren auf Engel wie auf Rosen
Triefend stehen sie da
und besprühen Augen und Nasenschleimhäute
in der irrsinnigen Hoffnung
der Gebrauch von Steroiden und
    Antihistaminen
möchte sie vor dem Dunstkreis der Engel
    bewahren
jener berüchtigten Engels-Aura
die
von Knoblauch gespeist
wohl den Satan fernhält
zugleich jedoch
so manchen hartnäckigen Angelophilisten
um den Verstand gebracht hat

—

Allergics react to angels
as if they were roses
They stand there dripping
eyes and mucous membrane awash
in the fatuous hope
that
with the help of steroids and antihistamines
they might become immune
to the infamous vapour angels exude
an aura
that
fed on garlic
manages to ward off Satan
while at the same time
casting many a stubborn Angelophilist
into dementia

—

Der Engel der Vernunft
beschützt uns nicht
Wo er hintritt
wächst Gras
Wen sein Finger berührt
der breitet seine Arme aus
und fliegt
fünf Minuten lang
mit offenen Augen
durch gefilterte Luft
Seine Stimme sagt uns
so seid Ihr nicht
Daß er uns gleicht
ist die schöne Täuschung

—

The angel of reason
does not protect us
Wherever she treads
grass springs up
Whoever she touches
spreads out his arms
and flies
eyes wide open
for five minutes
through filtered air
Her voice tells us
That's not what you are
Any resemblance to us
is fond illusion

Der Engel der Selbsttäuschung
der Racheengel
der Engel der einzigen Wahrheit
der Engel der lückenlosen Erinnerung
der Engel des selektiven Vergessens
der Engel der unerwiderten Liebe
der Lachengel
der Gesundheitsengel (organisch)
der Engel der verlorenen Unschuld
der Mäuseengel
der Pegasus
die Chimäre
der Klengel der Quengel
der Pumpenschwengel
die fliegende Cervelatwurst
der Krachengel
der Engel des Verschweigens

—

The angel of self-deceit
the avenger angel
the angel of absolute truth
the angel of total recall
the angel of selective oblivion
the angel of unrequited love
the laughing angel
the angel of health (organic)
the angel of lost innocence
the mouse angel
Pegasus
Chimera
the changel strangel derangel
the flying sausage
the angel of hullaballoo
the scavenger angel

—

Da man sich der Engel
neuerdings kaum mehr erwehren kann
ersuchen wir die Stadtverwaltung
uns von dieser Plage zu erlösen
Wie Kaninchen
vermehren sich die Himmelsgeister
während die Behörden
in die andere Richtung blicken
Mit der Vertilgung sämtlicher Barockputten
müßte die Aktion beginnen
ein Rilkeverbot sodann
zuvor bereits ein Swedenborg-Boykott
gefolgt von einer Handke-Wenders-Quarantäne
Nur bei den Raffael-Englein
bitten wir um Milde
eigenhändig hat Mamà
sie übers Bett genagelt
Auch höhere Wesen
haben heute das Recht
wie jedermann behandelt zu werden
In Gestalt von Tauben bevölkern sie
AUGUSTE rufend
katzbuckelnd
und einander begattend
unsere Dachfirste und Balkone
Daß hier interveniert werden muß
wird selbst der Tierschutzverein
schwerlich bezweifeln

—

Since angels
can no longer be kept at bay
we implore the County Council
to rid us of this nuisance
Like rabbits they multiply
those celestial things
while the authorities
contrive to look the other way
For a start
we'd urge the extermination of Baroque putti
followed
one by one
by a Swedenborg embargo
a Rilke boycott
and a Handke-Wenders quarantine
Only on behalf of Raphael's cherubs
would we plead for mercy
after all
it was mummy
who nailed them above our bed
By now
even higher beings have earned the right
to be treated like you and me
Disguised as pigeons
shouting AUGUSTA
swashbuckling
and copulating
they people rooftops and balconies
It should be evident
even to the RSPCA
that swift action is required

—

Wheel of Hell, Naples

Devils
Teufel

Den Kopf voran
kommen sie angerannt
und rammen einem ihre Hörndeln
in den Busen
falls man sich eines solchen
zu erfreuen vermag
oder sie kitzeln ihn
den Busen
mit ihren Hörndeln
daß man wiehert
und sich naß macht
bis am Ende
nur mehr ein Lacherl
eine Lacke
von uns übrigbleibt
darin planschen sie dann herum
wie die kleinen Kinder
wer hätte das
von den Teufeln gedacht

—

There they go again
whooshing up
to ram their cute little horns
into our bosom
provided we can boast one
and tickle us with their horns
making us wet ourselves
till
all that's left of us
is a puddle
in which they splash around
like little kids
Who'd have thought
devils
capable of that

—

Am Montagmorgen
verstimmt Stechbein die Klaviere
Am Dienstag
versteckt er die Lyra
Am Mittwoch
gießt er Kollodium auf die Saiten
Am Donnerstag
bestreicht er die Tasten mit Leim
Am Freitag
frißt er die Hammerköpfe
Am Samstag
legt er Feuer ans Gehäuse
Am Sonntag
besäuft er sich mit Weinsteg
Auch Klavierteufel
haben ihren freien Tag

—

On Monday morning
Stechbein arrives to mess up the tuning
on Tuesday
he hides the pedals
on Wednesday
he pours collodium over the strings
on Thursday
he covers the keys with glue
on Friday he guzzles the hammers
on Saturday
he sets the case on fire
on Sunday
he gets drunk with Weinstay
Even piano devils
enjoy their day off

—

Große Teufel
Behemoths Ahrimans
verstopfen bloß die Wasserrohre
oder stecken knirschend im Schornstein
Sachkundig entfernt sie die Feuerwehr
während die kleinen namenlosen
ungehindert ihrer Tätigkeit nachgehen
Kaum wahrnehmbar
sitzen sie im Gehörgang
nagen an den Halswirbeln
oder rasseln durch die Lunge
Gezähmte Teufel
sogenannte Krampusse
sind gesuchte Tischnachbarn
An Festtagen
erschrecken sie kleine Kinder
und röten die Wange der Hausfrau

—

Big devils
Behemoths Ahrimans
merely block the water pipes
or get stuck in the chimney
The fire brigade
removes them routinely
while the small anonymous ones
carry on their business unhampered
Well-nigh invisible
they nestle in your eardrum
nibble at your joints
or rattle through your thorax
House-trained devils
are sought-after dinner guests
Smiling coyly
they ogle the hostess
with their yellow eyes

—

Am Fernsehen
liebten sie ihn inzwischen
applaudierten
wenn die Großaufnahme seines Gebisses
den Bildschirm bedeckte
Schlotternd vor ihm aufgereiht
stehen wir da
ihm zum Fraß
wobei zu vermerken ist
daß er uns jeweils nur zur Hälfte verstümmelt
etwas Weibliches in ihm
schreckt vor dem Äußersten zurück
das muß man ihm zugute halten
wenn man ihn dabei erwischt
wie er seine Tiraden und Zähne zuspitzt
Übrigens warten die Ambulanzen
startbereit vor der Tür
und sausen mit dem
was von uns übriggeblieben ist
durch die Stadt
während die Krankenschwestern
Autogramme heischend
uns gegen Starrkrampf und Tollwut impfen
Nach ein paar Wochen oder Jahren
sitzen wir wieder an unserem Arbeitsplatz
Steinway & Sons
ein Toupet auf dem Kopf
das Bein in der Schiene
Aufs linke Pedal kann man notfalls verzichten

—

By now
they'd come to adore him
rejoicing
whenever a close-up of his teeth
filled the TV screen
Waiting our turn to be devoured
we stand in line
shivering with fear
though it must be admitted
he only consumes half of us
some lyrical urge
keeps him from finishing the job
this
in all fairness
we should consider
when watching him
trim his tirades
and sharpen his teeth
Engines running
the ambulances outside
stand ready to rush off with our remains
howling through town
while the nurses
eager for our autograph
inject us against lockjaw and rabies
A few weeks or years later
we return to our workplace
Steinway & Sons
a toupee on our head
one leg in a splint
To hell with the left pedal

—

Dämonen
von Göttern kaum zu unterscheiden
spielen auf unseren Seelenfalten
wie Instrumentalisten
bravourös aber schmerzhaft
Wenn sie uns zwicken
dann winseln wir
wie Hunde
die hinauswollen
die Sterne anzubellen
Hündisch möchten wir sie beißen
unsere Peiniger
und beißen doch nur
in die eigene Zunge

—

Demons
scarcely distinguishable from gods
play on the furrows of our souls
like instrumentalists
painfully but with panache
When they squeeze us
we whine
like dogs craving to get out
and bark at the dark
Dog-like
we'd love to bite them
our tormentors
only to find ourselves
biting our own tongues

—

Nein
die Köchin war es nicht
auch der Gärtner
kann es nicht gewesen sein
noch weniger
denken wir an die Zofe
ganz zu schweigen von Griffiths
dem Butler
obgleich dessen Gesicht
einen verkniffenen Zug aufweist
Keinesfalls wollen wir die Corgies verdächtigen
die
es läßt sich nicht leugnen
bereits mehrere Kinder und Halbwüchsige
auf beklagenswerte Weise verstümmelt haben
Selbst der Gutsverwalter
ein Zigeuner
weilte zur Tatzeit
meilenweit entfernt
im Wohnwagen seiner Familie
Vollends die Annahme
es möchte der Hausherr persönlich
in die Affäre verwickelt sein
dürfen wir
da Ihre Lordschaft nur ein Bein haben
als Verleumdung zurückweisen
Ein Gedenkstein
wird im Gemüsegarten
an das traurige Ereignis erinnern

—

No it wasn't the cook
and don't let's blame the gardener
still less the lady's maid
least of all Griffiths
the butler
despite his haggard look
On no account
should we suspect the corgies
who have
admittedly
mutilated a number of toddlers before
As for the farm manager
a self-declared gipsy
he had joined his family for dinner
in their caravan
miles away
Finally
any personal involvement of our host
may safely be discounted
since his Lordship is equipped
with only one leg
A statue in the vegetable garden
will remind us for ever
of the sorry affair

—

Daß es Teufel
im Grunde gar nicht gibt
hat uns kürzlich
der Leibhaftige selbst verraten
Wir haben dies
betrübt zur Kenntnis genommen
und beschlossen
in Zukunft
uns selbst an die Wand zu malen

—

The news
that the devil does not
actually exist
was relayed to us
by none other
than the Devil himself
Duly saddened
we have pondered this fact
and decided henceforth
to advertize our own hell

—

Am Ufer
liegen die Gondeln
wie gestrandete Wale
Aus den Dachstühlen am Canal Grande
dringt schwarzer Rauch
Seufzend
versinkt die Kuppel von Santa Maria Maggiore
in der Lagune
Eine letzte Explosion
zerstückelt den Dogenpalast
Die Ratten
haben die Größe von Hauskatzen erreicht
Von der Flutwelle erfaßt
plätschern sie im Innern von San Marco
und beißen die Priester
die versuchen
die Gebeine des Heiligen zu retten
Stoisch
lenkt Mario Praz die Ereignisse
und richtet
als alles vollbracht ist
seinen Blick
im Spiegel
auf sich selbst

Gondolas
lie scattered upside down
like stranded whales
Black smoke
billows from the rooftops
The dome of Santa Maria Maggiore
    sinks moaning
into the lagoon
One final explosion
rips apart the Doge's Palace
Swept along by the flood
rodents
the size of tomcats
paddle about inside San Marco
and bite the clerics
who struggle to salvage what's left of
    their Saint
When all is over
Mario Praz
the master of ceremonies
faces himself in the mirror
ready for the duel
of evil eyes

—

Ancestor Figure, New Guinea

GODS AND MONSTERS
GÖTTER UND MONSTREN

Großmächtiger Initiator
alter Kriegstreiber
Füllhorn der Güte und des Glücks
Obermonster
Himmelspenis kosmische Gebärmutter
kleinster gemeinsamer Nenner
Auge das alles sieht und nichts wahrnimmt
Du entziehst Dich
glänzt durch Abwesenheit
Music Minus One
Tonart ohne Grundton
Variationen ohne Thema
Salz ohne Suppe
Maul ohne Zunge
Doch fürchte nichts
wir bleiben loyal
blicken auf zu Dir
unserer Schöpfung
als seist Du oben
schmähen nur Dich allein
unser letales Ozonloch
unser persönliches maßgeschneidertes Chaos
das Flattern eines Schmetterlings im Urwald

—

Almighty initiator
old warmonger
cornucopia of kindliness and bliss
monster supreme
celestial penis cosmic womb
lowest common denominator
eye that sees all and perceives nothing
you hide
shine in absentia
Music Minus One
scale minus tonic
variations without a theme
salt without soup
maw without tongue
But fear not
we remain loyal
look up to you
our creation
as if you were hovering above
heap abuse on you alone
our lethal ozone hole
our personal tailor-made chaos
the stirring of a butterfly
in the jungle

—

Als der Namenlose
aus seinem Urschlaf erwachte
fand er sich umringt
von Engeln der Zerstörung
geflügelten Riesenschlangen
Geschöpfen des mythischen Anbeginns
tausendäugig und lüstern
Keiner blickte ihn an
Ohnedies zählte er kaum
ein kosmischer Mißgriff
leuchtend zwar
doch nur im Teleskop zu orten
durchs All ziellos dahintreibend
und nun auch
bis ans Ende der Zeiten
auf der Flucht vor sich selbst

—

When the Unnamable
awoke from his primordial sleep
he found himself surrounded
by angels of destruction
winged serpents
creatures of the primordial dawn
thousand-eyed and lustful
No one took notice of him
He hardly mattered anyway
a cosmic blunder
gleaming to be sure
yet discernible only through a telescope
aimlessly drifting across the universe
and now
until the end of time
taking flight from himself

—

Gustav ist gut
das weiß heute jedes Kind
selbst wenn er Fürchterliches anstellt
hört er nicht auf uns zu lieben

Gustav kann was er will
sowie ihm etwas einfällt
schnalzt er bloß mit den Fingern
schon ist es geschehen

Gustav spielt mit uns
am liebsten spielt er Verstecken
wenn man ihn nicht sucht
ärgert er sich

Komponieren kann der Gustav
uns mit der Ewigkeit anwehen
darin kennt er sich aus
Symphonien mit Schlußchor
da weiß er wo Gott wohnt

Die Sache mit Gustav ist die
daß man nicht schlecht von ihm reden darf
Gustav ist nachtragend
sein Zorn ist berühmt
und alle kleinen Gustavs
sind schnell dabei ihren Arm zu heben

Manchmal schlagen sie zu

—

Gustav is good
every child knows that
even when doing terrible things
he never stops loving us

Gustav can do anything
the moment he gets an idea
he snaps his fingers
and lo it's done

Gustav plays games with us
preferably hide-and-seek
if you don't look for him
he gets cross

Gustav is quite a composer
supplying a whiff of eternity
that's his forte
Choral Symphonies
there he knows
where God resides

The trouble with Gustav is
that you must not speak badly of him
Gustav is resentful
his rage legendary
and all the little Gustavs
are quick to raise their arm

Now and again
they hit you

—

Beim Kongreß der Gottheiten
kam es zum erwarteten Eklat
Zunächst protestierten die Halbgötter
gegen ihre Diskriminierung seitens der
oberen Ränge
Dann versickerte der Wettbewerb der absoluten
Wahrheiten
in einem Sitzstreik der Einzelgötter
Schließlich fielen
mit donnerndem Getöse
sämtliche Götterfamilien übereinander her
Um ein Haar
wäre der ganze Landstrich
in einen gottlosen Zustand versunken
doch sollten wir
angesichts der Gewohnheit der Ewigen
sich zu perpetuieren
von übereilten Schlußfolgerungen absehen

—

As expected
the Congress of the Divine
ended in pandemonium
At the very outset
a group of demi-gods
protested formally against discrimination
by those of higher rank
Next
a sit-in of single deities
caused the Championship of Absolute Truths
to fizzle out
Finally
all the dynasties of Gods and Goddesses
descended thunderously
upon each other
Our whole region
came within an inch
of slipping into godless anarchy
In view of the Eternal's propensity
for self-perpetuation
one should
however
refrain
from rash conclusions

—

Keine Angst
ich zerkratze Dir nicht Dein Gesicht
beiße Dich nicht in die Nase
presse nicht meine Handfläche
auf Deinen zum Schreien geöffneten Mund
Ein fühlendes Wesen steht vor Dir
ein Doppelwesen
soviel gebe ich zu
wobei es ganz darauf ankommt
von welcher Seite man mich wahrnimmt
ob ich schief oder gerade
schreckenerregend oder herzerweichend
ins Bild gerate
Schon die kleinste Bewegung
kann alles verändern
ein Schritt nach rechts
meine Krallen sind verschwunden
zwei Schritte zurück
ein stiller Dulder blickt Dich an
von oben färbe ich mich grün
während aus der Hocke
meine Augen satanisch lodern
Wenn die Gunst der Stunde es zuläßt
erscheine ich als kompletter Zwitter
jenen zur Erbauung
die das Ganze zu erfassen suchen
die kakophonische Gesamtidee
die mißratene Synthese
das ungeteilte

Don't panic
I won't scratch you
bite off your nose
press the palm of my hand
against your mouth
A feeling creature
that's what you're dealing with
a Jekyll and Hyde
to tell the truth
depending from which side you perceive me
whether straight or aslant
comforting or terrifying
Even the smallest shift
can make all the difference
One step to the right
my claws are gone
two steps back
a stoic stares at you
seen from above
I appear green
while from a crouching position
my eyes acquire a satanic glow
When fortune smiles
I emerge as the complete hybrid
edifying to all
who crave to comprehend the whole
the total cacophony
the unsevered
inseparably gaping outrage

unzertrennlich auseinanderklaffende Skandalon
Du weist mir die Tür
Ich verlasse Dich kriechend
vielleicht auch hüpfend
Überall
siehst Du mich wieder

—

You show me the door
I leave you creeping
if not hopping
Wherever you go
I'll be there

—

Und wiederum
hatte der Herr der Heerscharen
einen menschenfreundlichen Tag zu verzeichnen
drei Religionskriege vom Zaun gebrochen
etliche Wirbelstürme entbunden
eine neue Seuche kreiert
Utopien in die Seelen gepflanzt
ungezählte Kinder erfolgreich zu Schaden
gebracht
Da konnte man sich
als Fürst der Welt
eine Sekunde Ruhe gönnen
etwas Lyrisches tun
den Blick dieses Mannes auf jene Frau lenken
hinter ihren Brüsten das Herz sichtbar machen
im Herzschlag Angst und Verlangen
mobilisieren
ein kleines Höllenfeuer schüren

—

And once again
the Lord of the Universe
recorded a day of good works
three religious wars launched
several tornadoes unleashed
a new brand of pestilence devised
utopias planted into souls
countless children successfully harmed
reason enough
to grant oneself a moment's rest
do something lyrical
make this man gaze on that woman
light up her heart behind her breasts
mobilize
in her heartbeat
anguish and desire
fan a little hell-fire

—

In der Mythologie der Huh
haben alle Götter rote Ohren
An den Tempelwänden
prangen ihre Ohrmuscheln
wie rote Segel

Als nach verlorener Schlacht
der König der Huh
mit roten Ohren vor seinen Palast trat
schlug das Volk ihn tot
Man gebärdet sich nicht wie ein Gott

—

In the mythology of the Huh
all Gods sport red ears
On temple walls
auricles are displayed
like huge red sails

When
having lost his battle
the King of the Huh appeared
red-eared
in front of his palace
they butchered him
You don't play at being divine

—

Als FUFLUNS
der Gott des Entzückens
beschloß
einer Dame namens Hildegard
seine Aufwartung zu machen
kräuselte sich auf ihren Armen
unverzüglich die Gänsehaut
und kroch
wie eine Ameisenstraße
über Schultern und Hals
bis ins Haupthaar
das sich
nach der Art eines Igels einer Drahtbürste
    oder eines Besens
um nicht zu sagen
einer Hexe oder der Medusa
prachtvoll sträubte
Zugleich
schnurrte es aus dem Innern der Dame heraus
wie bei einer Katze einer Nähmaschine
    oder einer hydraulischen Pumpe
unterbrochen nur
von freudigen Seufzern
obwohl sich auch Artikulierteres wie FLUNSI
mehrmals unterscheiden ließ
Des weiteren
sah man Hildegard
die Augen in der Manier des italienischen oder
    spanischen Seicento verdrehen

When FUFLUNS
the God of Rapture
looked on Hildegarde
a comely woman
goose-pimples instantly tingled up her arms
crept like an army of ants
over shoulders and neck
reached the crown of her head
and made her hair bristle
like a hedgehog a wire brush or a broom
if not a witch or Medusa
A loud purring
like that of cats sewing machines or
    hydraulic pumps
emerged from her throat
punctuated by sighs of pleasure
and an occasional cry of FLUNSY
Eyes rolled towards heaven
Hildegarde resembled a Seicento martyr
while her body's elliptical undulations
mimicked those of Indian temple dancers
or writhing snakes shedding their skin
At that moment
FLAUSIA
the Goddess of Thrift Reason and
    Undernourishment
called FUFLUNS to order
whereupon
being her husband

und
nach Gewohnheit sich häutender Schlangen oder
bengalischer Tempeltänzerinnen
ihren Rumpf in elliptische Bewegung versetzen
Leider
wurde zu diesem Zeitpunkt
der erhabene FUFLUNS
von FLAUSIA
der Göttin der Sparsamkeit der Vernunft und des
Hungerleidens
zur Ordnung gerufen
was FUFLUNS
denn er war ihr Gatte
veranlaßte
das Weite zu suchen
Heute noch
kann man Hildegard dabei ertappen
wie sie
in plötzlicher Entrückung
ihren Mund trompetenartig vorstülpt
das Wort FLUNSI formend
und dabei die Schultern hochzieht
als hätte etwas Kühles
ihren Rücken berührt

—

he withdrew in confusion
Ever since
Hildegarde has been prone
to intermittent moments of stupor
mouthing FLUNSY
with lips like a trumpet

—

Es gibt diese Maler
auch Kleinmaler genannt
die begriffen haben
daß Gott im Detail wohnt
Selbst wenn ihre Bilder
ganze Wände bedecken
lassen sie kein einziges Haar aus
Jeder Karpfen im Karpfenteich
wird zur höheren Ehre des Allmächtigen
bis in den kleinsten Kiemen
dem Auge aufgeblättert
Mit aufgerissenem Mund
werden die Leute dargestellt
damit jeder einzelne Zahn
oder Zahnstumpf
zu seinem Recht kommt
samt den Speiseresten
die den Zahnhals verzieren
Die fernsten Alpinisten
werden winzig zwar
aber greifbar wie Zinnsoldaten
auf die Bergwand gezaubert
Alles was man nicht sehen kann
aber gerne sähe
wenn man das Bedürfnis fühlte es
    wahrzunehmen
wird mit spitzen Pinseln
dem Betrachter eingepinselt
Nicht auszudenken
wie Gott aus den Details
in denen er steckt
jemals wieder herausfinden soll

There are those painters
called mini-painters
who realized
that God is in the detail
Even in pictures covering entire walls
not a single hair is omitted
For the greater glory of the Almighty
every carp in the pond
gets full exposure
down to its tiniest gill
People are seen depicted
with mouths agape
in order to give every tooth
or tooth stub
its due
including the remnants of food
that adorn them
The remotest mountaineers are conjured up
minute yet tangible like tin soldiers
scaling the rock-face
Anything one cannot see
but might desire to behold
if one felt the urge to take notice
is proffered to the onlooker
with the finest of fine brushes
Inconceivable
how God could ever re-emerge
from all those details
he got entangled in

—

Finger (Marzipan), Hofkonditorei Demel, Vienna

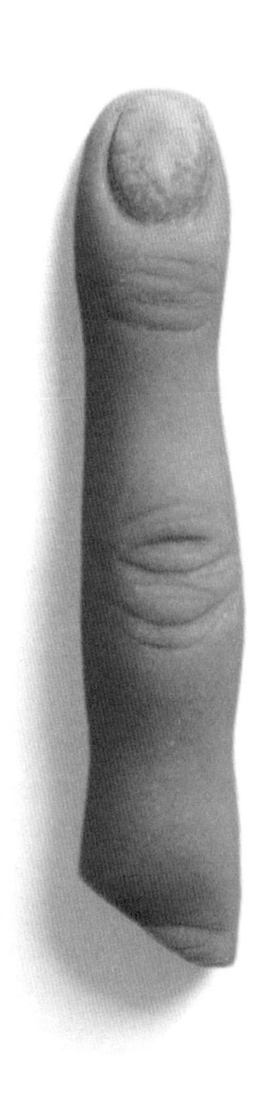

Als der Finger Gottes
in der Unterkirche entdeckt worden war
behielten die Zweifler
zunächst die Oberhand
Fleischig und spärlich behaart lag er da
ein Objekt des Scherzes wie wir meinten
das sich über die gesamte Länge der
Krypta hinzog
während der goldene Fingernagel
vor den Gebeinen der heiligen Afra
zum Stillstand gekommen war
Bedenken erregte
daß der monströse Gegenstand
allen Anstrengungen zum Trotz
nicht von der Stelle wich
ja dem Ansturm von Äxten Spitzhacken
und Bohrmaschinen
mühelos standhielt
Vollends die Tatsache
daß der Finger
sich aufrichtend
die Oberkirche zum Einsturz brachte
schien auf höhere Gewalt hinzudeuten
Unvermutet wie er aufgetaucht war
verschwand der Finger wieder
Eine plumpe Nachbildung
ist im Museum der Gottesbeweise
unter Panzerglas
zu besichtigen

—

After God's finger
had been spotted in the crypt
it was the sceptics
who
at first
gained the upper hand
There it lay
pinkish
and meagrely covered with hair
an object of mischief we assumed
stretching the entire length
of the catacomb
its golden fingernail
pointing at Saint Afra's remains
Questions arose
when
all efforts notwithstanding
the monstrous trouvaille
couldn't be shifted
resisting with ease the assault
of axes sledgehammers and pneumatic drills
Further proof
of divine intervention
was the fact
that the finger
rising into an erect position
reduced the upper church to rubble
As uncannily as it had materialized
the finger disappeared
A crude reproduction
behind bullet-proof glass
is now on public display
at the Museum of the Divine

Als das Zauberspiel vom Ende Gottes
in der Kirchenruine
aus der Taufe gehoben wurde
verzeichnete das Theaterwesen
einen großen Abend
In dichter Szenenfolge
präsentierte das Stück
den Gottestod in sämtlichen Varianten
zunächst die volkstümlichen
wie Köpfen Hängen Aufspießen Vierteilen
Kreuzigen vom Tisch Wischen
sodann nach der Pause die magischen
Entschweben Versinken Zerbersten
Schrumpfen Zerbröseln Verpuffen
Wir greifen hier den Darsteller des
Verpuffens heraus
der uns
in seiner Verkörperung des siechen
Seelenfürsten
die Tränen aus den Augen trieb
ehe er sich
leise fauchend
in Luft auflöste
Allen Mitwirkenden
sei für ein Erlebnis
von transzendentalem Zuschnitt
warm die Hand gedrückt

—

The staging of 'God's End'
in a delapidated church
turned out to be a red-letter day
in the annals of magic theatre
In quick succession
the death of God
was enacted in all its manifestations
starting with the popular
such as beheading hanging quartering
crucifying off-the-table-wiping
followed
after the intermission
by the wondrous
floating up and away
sinking underground
exploding
shrivelling
crumbling
evaporating
Mention must be made
of the impersonator of evaporation
who
through his embodiment of an ailing
    Lord of the Souls
brought tears to our eyes
before we watched him disintegrate
hissing
into thin air
Each and every participant
deserves to be warmly congratulated
on an event
of transcendental allure

—

White Man (*'Conductor'*), Africa

BUDDHAS AND SANTAS

BUDDHAS UND WEIHNACHTSMÄNNER

Der sanfte Buddha
in seinem Fett ruhend
triefend manchmal
bei heißem Wetter
in Zufriedenheit erstarrt
was geschah
daß er plötzlich aufsprang
vor Wut brüllend
hüpfend
auf einem Bein
bevor er zu Boden fiel
aufklatschend
mit seinen tausend heilbringenden Armen
rudernd
bis sie sich heillos verfingen
ein Zornknäuel
hilflos auf dem Rücken zappelnd

Die einen wissen was geschah
ein Schlangenbiß in den Fuß
die anderen wissen es besser
auf einer Hornisse
sei sein Gesäß
zum Sitzen gekommen
In Wahrheit
hielt er den Frieden nicht mehr aus
Heiligsein ist anstrengend
Nun liegt er da
und seine Schüler
entfernen den Schaum von seinem Mund
entwirren

The gentle Buddha
ensconced in his fat
dripping sometimes
in hot weather
numb with content

What happened
to make him jump up
howling in anger
hopping on one foot
before thudding to the floor
flailing his thousand redeeming arms
now irredeemably entangled
a raging knot
helplessly writhing on his back

Some knew what had happened
a snake-bite in the foot
Others knew better
his bottom
had come to rest
on a bee
The truth was
he couldn't cope with peace any longer
It's a strain being holy
Now there he lies
and his disciples
horrified
wipe the foam from his mouth
disentangle his arms
and wait for his rage to blow over

voller Entsetzen
seine ineinander verschlungenen Arme
und warten darauf
daß der heilige Zorn verraucht
das Mondgesicht sich glättet
der Göttliche wieder so dasitzt
wie man es von ihm erwarten darf
schweigend
die Hände gefaltet
die Augen halb geschlossen
unverrückbar

—

the moon-face to smooth itself
the Divinity to sit there
in proper style
composed
silent
hands folded
eyes half-closed
imperturbable

—

Vor den Tempelbesuchern
über sie Regungslosigkeit
meditieren dreiunddreißig Spielarten
der Entrückung
eine Tausendschaft künftiger Buddhas
Nachts jedoch
wenn niemand sie anstarrt
räkeln sie sich
werden aufsässig
füllen den Raum mit Gekeuch
ein Pulverfaß
bereit
den hölzernen Schrein
in Asche zu verwandeln

Vielleicht zanken sie sich bloß
um die vorderen Plätze
wünschen
aus nächster Nähe besichtigt zu werden
Wahrscheinlicher ist
daß sie es satt haben
wie Zierpflanzen
in der Reihe zu stehen
Ebenbilder zu sein
Rivalen im Treibhaus der Heiligkeit
Seht
wie sie einander
unter den Augenlidern belauern
verstohlen die goldenen Arme zählend
die
nach Buddhaart
aus ihnen hervorsprießen

—

Facing the tourists
they contrive to keep still
practising thirty-three varieties of ecstasy
a thousand aspiring Buddhas
At night though
when no one's looking
they stretch their limbs
become restless
and pant
a latent powder-keg
ready
to burn to ashes
the wooden shrine

Perhaps they only bicker
because they all covet the front row
craving
to be scrutinized in close-up
But in all likelihood
they are just fed up
with standing there like ornamental plants
lined-up lookalikes
rivals in the hothouse of holiness
See
how they spy on each other
clandestinely counting the golden arms
which
as befits a true Buddha
sprout from their bodies

—

Im Fußballspiel der Buddhas
gegen die texanischen Weihnachtsmänner
gingen die Buddhas diesmal
völlig aus sich heraus
Mit ungeahnter Entschlossenheit
bedrängten sie das feindliche Tor
und landeten darin
ihrer Leibesfülle ungeachtet
mehrere Kapitalschüsse
Nach ihrer Niederlage
sieht man die
Jingle Bells singenden
rotbemützten Kinderfreunde
zum Zeichen der Reue
die gewaltigen Weihnachtsbäume
hochkriechen
welche die Insel ihren Fußgängern
im Spätherbst
auf Schritt und Tritt
in den Weg stellt

—

In the recent football match
between the Buddhas and the Texas Santas
the Buddhas
truly excelled themselves
With undreamt-of sprightliness
they laid siege to their opponents' half
and scored
their corpulence notwithstanding
several magnificent goals
After their defeat
the red-capped benefactors of children
can be heard singing Jingle Bells
and observed
out of remorse
to be scaling the giant Christmas trees
with which the island
exasperates its pedestrians
at every turn
in late autumn

—

Männer mit roten Kapuzen
halten neuerdings die Tempel besetzt
Laut singend
bevölkern sie die Balustraden
durchwaten die Seerosenteiche
oder spielen
stumm geworden
in den Steingärten Verstecken
Von den Mönchen
mit aufgerissenen Augen verfolgt
verschwinden sie hinter den Felsbrocken
und kauern dort
den Kopf zuunterst
ohne zu ahnen
daß die Zipfel ihrer rot-weißen Monturen
wie Pfeile in die Luft ragen

Santas
have of late occupied the temples
Singing heartily
they swarm over the balustrades
wade through the waterlilies
or
suddenly silent
play hide-and-seek in the rockery
Astonished monks
watch them vanish behind the boulders
where they huddle
hiding their heads
little realizing
that the tails of their red-and-white cloaks
soar into the air like arrows

—

Als ich die Bühne betrat
spielte das Orchester einen Tusch
Dann verkündeten die Lautsprecher
ich sei der millionste Weihnachtsmann
Als Festgabe erhielt ich einen Klon
Unter dem Geschrei der Menge
umarmten wir uns
der Klon und ich
und sangen zweistimmig Stille Nacht
Zuhause steht er auf dem Speicher
Wenn ich verreist bin
vertritt er mich im Ehebett
Manchmal führen wir Selbstgespräche
    zu zweit
Nur einmal
als die Maus an ihm hochlief
wurde er unleidlich
Seither fluchen wir
er ungarisch
ich kroatisch
wenn die Kinder nicht dabei sind

—

As I stepped on stage
the orchestra played a fanfare
Then the loudspeakers announced me to be
the one millionth Father Christmas
Roared on by the crowd
I was presented with a clone
Tearfully
we embraced
the clone and I
and sang Silent Night in unison
At home
he lives in the attic
When I travel
he deputizes for me
in the marital bed
Sometimes we talk to each other
in monologue
Just once
when a mouse ran up his leg
he turned nasty
Since then we compete in swearing
he in Hungarian
I in Croatian
though
not
of course
in front of the children

—

Untitled, Max Neumann (b. 1949)

SPECTRES AND APPARITIONS

GEISTER UND ERSCHEINUNGEN

Als der Dichter
wie unter Zwang
seine ersten Zeilen zu Papier gebracht hatte
lehnte er sich aufatmend zurück
Emil hatte gesprochen
Nach längerer Abwesenheit
war Emil wieder da
Ohne Emil blieb die Feder trocken
Nun durfte man hoffen
daß die Blätter sich füllten
von Emil mit Metaphern versorgt
manchmal auch mit Aphorismen
in jener Mischung
typisch Emil
von Unsinn und Tiefsinn
in der ihn nicht einmal der alte Lichtenberg
übertraf
Ohne Emil
versank das Leben in Ernst oder Ulk
Erst Emil
streute Pfeffer
säte mit unschuldiger Miene
Unfrieden
brachte Wörter und Sätze zum Tanzen
Wo er nur herkam
dieser Emil
Plötzlich war er da
Man mußte sich von ihm überraschen lassen
durfte ihm nicht ins Wort fallen
dann führte er gewissenhaft die Hand
kontrollierte Hebungen und Senkungen

When the poet
as if under compulsion
committed to paper his opening lines
he leaned back
breathing a sigh of relief
Emil had spoken
After a lengthy absence
Emil had returned
Without Emil
the pen faltered
Now
once more
there was hope
the sheet would again be covered in ink
furnished
by Emil
with metaphors
if not with aphorisms
in that blend
an Emil trademark
of sense and nonsense
that even old Lichtenberg
could scarcely have surpassed
Without Emil
life turned sombre or silly
Emil alone sprinkled pepper
sowed discord with an innocent face
made words and sentences dance
Where the devil did he come from
our Emil
surfacing all of a sudden

stach Silben
rezitierte mit lauter
etwas krächzender Stimme
das Diktierte
bis er wieder verschwand
den Dichter verwaist zurücklassend
ach Emil

—

aiming to startle you by his presence
You'd better be ready
and never cut him short
then he'll guide your hand
control metre
split hairs
recite
with a loud
slightly croaking voice
his dictation
until he vanishes again
leaving the poet an orphan
Blast you Emil

—

Bei stürmischem Wetter
verschwindet Emil in seiner Mansarde
und nimmt seine Flügel ab
Gesäubert und geölt
liegen sie vor ihm auf dem Eßtisch
während er
vorausdenkend
Fenster und Stockwerke seiner Opfer memoriert
Man könnte sich irren
und den Falschen heimsuchen
Bei Damen passierte einem dergleichen kaum
ein spezielles Gedächtnis sorgt dafür
daß man Dichterinnen selten verfehlt
Dann studiert er die neuesten
Literaturzeitschriften
und übt sich
auf deutliche Aussprache achtend
in der Erfindung von Schachtelsätzen
Sobald das Wetter umschlug
würde er inkognito
auf einer Wolke lauern
und auf Dichterinnen hinabstoßen
wie ein Habicht

—

In stormy weather
Emil disappears into his attic
and removes his wings
Cleaned and oiled
they lie on the kitchen table
while
planning well ahead
he memorizes the windows and floors
    of his victims
One could miscalculate
and raid the wrong address
With women
that hardly ever happened
a special memory ensures
that poetesses are rarely missed
Then he consults the latest literary reviews
and practises
with particular emphasis on diction
the rendering of subordinate clauses
As soon as the weather changed
he would
incognito
lie in wait on a cloud
and swoop down on poetesses
like a hawk

—

Wenn Emil mich heimsucht
wird er schnell hungrig
Schon während er die ersten Zeilen diktiert
wandert sein Blick in meine Richtung
Er lächelt entschuldigend
ehe er zubeißt
Emil hat spitze Zähne
In den Freßpausen
diktiert er weiter
manchmal schweift er ab
und zeigt sein dunkelrotes Gebiß
bevor er wieder
zischend in mich eintaucht

—

When Emil visits me
he quickly grows peckish
Even as he dictates his first lines
he gazes in my direction
smiling self-consciously
before he sinks his teeth in
Emil has sharp teeth
Between mouthfuls
he continues his dictation
Once in a while
he digresses
flashing his burgundy-red dentures
before diving down once more
with a hiss

—

Am Montag noch
standen sie harmlos ums Haus herum
fraßen Zucker aus der Hand
und entledigten sich unbekümmert
ihrer Roßäpfel

Dienstag früh bereits
hörte man sie schnaubend
die Treppen auf- und niedersteigen
Schränke öffnen
und die Leichte Kavallerie auflegen

Am Mittwoch sodann
hockten sie in seiner Küche
erzählten Lipizzanerwitze
und verspeisten seinen Hafer

Als Emil am Donnerstag
in seinem Bett ein Fohlen vorfand
wieherte er kurz
flatterte aufs Fensterbrett
und flog
Emil hat Flügel
über Bäume und Dächer davon

—

On Monday
they still lounged around the house
nibbling sugar lumps from his hand
nonchalantly dumping their dung

By Tuesday
you could hear them puff up and down stairs
open cupboards
and put the Light Cavalry on the turntable

On Wednesday
they crouched in his kitchen
telling Lipizzaner jokes
and munching his porridge oats

When Emil on Thursday
discovered a foal in his bed
he fluttered onto the window sill
whinnied briefly
and flew
Emil has wings
over trees and rooftops
away

—

Emil ist schuld

Was bleibt uns übrig
wir müssen lyrisch dichten
seit dieser Emil
uns hinter sich herschleppt
erbarmungslos auf uns einredend
brüllend bellend
neuerdings auch nuschelnd
Emil verliert seine Zähne

Der Schwung ist immer noch da
die große blutsaugerische Geste
aber wo ist das Detail geblieben
die unerwartete
gleichwohl einzig angemessene Vokabel
das Herz anästhesierend
die Seele ätzend
Emil wird alt

Mit Lupen bewaffnet
kriechen wir unter die Tische
auf der Suche nach dem achtlos fallengelassenen
dem gänzlich unangestrengten
präzisen
wenn auch sinnverwirrenden Wort
sofern wir nicht lieber
an Emils Rücken geklammert

im Flug die Vögel beobachten
oder die Kontur eines Engels

—

Emil's to blame

What else can we possibly do
but churn out poems
since Emil is chasing us
remorselessly lecturing
bawling barking
even mumbling of late
Emil's losing his teeth

The panache is still there
the grand blood-sucking gesture
but where have the minutiae gone
the unexpected
but nonetheless uniquely appropriate word
anaesthetizing the heart
corroding the soul
Emil's getting old

Armed with a magnifying glass
we crawl under the tables
searching for the carelessly dropped
utterly unforced
precise
if bewildering word
unless
clinging to Emil's back

we'd rather observe the birds in flight
or the contours of an angel

—

Im Jenseits
darf man alles nachholen
was man im Leben versäumt hat
Beethoven zum Beispiel
finden wir dortselbst
als Bäcker wieder
Mit der ihm eigenen
grimmigen Energie
schiebt er Teig in den Ofen
Die Ähnlichkeit seiner Sonatensätze
mit Striezeln
hat bereits Tovey
in Begeisterung versetzt
wogegen Schenkers scharfes Gehör
das Mürbe Mohnbeugelhafte der späten
Bagatellen
wahrzunehmen vermochte
Des seligen Meisters jüngste Tondichtung
seine « Schimpfenden Kipfel »
schimpfen
wenn man in sie hineinbeißt

—

In the hereafter
we can make up
for all we missed in life
Beethoven for example
can be retrieved
as a baker
With his customary fury
he hurls the dough into the oven
The resemblance of his sonata movements
    to pretzels
was first remarked upon by Tovey
but it was Schenker's acute ear
that perceived the late bagatelles
as poppy-seed cake
The deceased master's most recent composition
his 'Cursing Bagels'
curse
when you sink your teeth into them

—

Wenn nachts das Gespenst erscheint
und sich ums Klavier herumtreibt
dann wissen wir
Brahms ist gekommen
Das wäre weiter nicht schlimm
wenn nicht dieser Zigarrengeruch
das Musikzimmer tagelang verpesten würde
Schlimmer noch
ist allerdings sein Klavierspiel
Dieses Gewühl durch Akkorde und
Doppeloktaven
weckt sogar die Kinder aus ihrem Tiefschlaf
Schon wieder Brahms
heulen sie
und halten sich die Ohren zu
Verstimmt und rauchend
steht der Flügel da
wenn Brahms sich erhebt
Brahms
sagt er mehrmals mit klagender Tenorstimme
bevor er verschwindet

—

When at dead of night the ghost appears
and starts prowling round the piano
then we know
Brahms has arrived
It wouldn't be quite so bad
if his cigar smell
didn't stink out the music room for days on end
Even worse though
is his piano-playing
This wading through chords and double octaves
wakes even the children from their deep sleep
Not Brahms again
they wail
and stop their ears
Out of tune and smoking
the piano stands there
when Brahms gets up
Brahms
he says several times
in a plaintive tenor
before leaving through the kitchen door

—

Bei Sonnenuntergang
sitzt auf seinem Galgen
der Galgenvogel
und singt
nicht besonders melodisch
kein Vergleich
mit Amseln und Nachtigallen
aber mit mächtigem Ausdruck
con somma espressione
inbrünstig wie eine Kreissäge
deren Motor plötzlich verstummt
wenn die Dunkelheit
die Schlinge zuzieht

—

The gallows-bird
at sunset
sits astride his gallows
and sings
not overly melodious
no match for blackbird or nightingale
but mightily expressive
con somma espressione
fervent like a circular saw
whose motor suddenly cuts out
when darkness
pulls the noose

—

Wie er wächst und wächst
der komische Kleine
bis er so lang geworden ist wie ein
Elefantenrüssel
Nach Elefantenart
greift er nun aus
streckt sich den Passanten entgegen
bettelnd
oder besprüht sie wie ein Gartenschlauch
Dann trompetet er fröhlich
holt ein gestrandetes Auto aus dem Graben
hilft Kindern über die Straße
und stiehlt dabei den Damen die Handtaschen
wohl wissend
daß Damen stets etwas Schokolade mit sich
herumtragen
Braunverschmiert und schmatzend
kauert er sich dann zusammen
und schläft
unsichtbar geworden
einen traumlosen Schlaf

—

How he grew and grew
the little fellow
till he became an elephant's trunk
In elephant style
it reaches out
proffers itself to passers-by
begging
or spraying them like a garden hose
Happily he trumpets away
lifts an abandoned car from the ditch
and steals ladies' handbags
knowing full well
that ladies always carry chocolate
Smeared with brown and smacking his lips
he huddles up
and sleeps
invisible now
a dreamless sleep

—

Bitte treten Sie ein
Ich kenne Sie zwar nicht
doch der erste Blick
den ich auf Sie richte
und noch mehr der zweite
erfüllen mich mit Wohlgefallen
Ich sehe ein Gesicht
blühend ohne zu strotzen
Mund und Auge
in schönem Gleichgewicht
dazu einen Leib
dessen Umrisse
dem darauf sitzenden mediterranen Haupt
auf das angemessenste Genüge tun
nicht ohne Grazie insgesamt
bis auf den
nun tatsächlich strotzenden
Ausbau der oberen Körperregion
dessen Anblick mich
kühn geworden
die Hoffnung aussprechen läßt
es möge mir gestattet sein
das Panorama dieser Hochgebirgslandschaft
hüllenlos zu besichtigen

Irre ich mich
oder bemerke ich in Ihren Augen
einen Anflug von Spott
während Ihre Finger bereits
überraschend willfährig
am Gewand nesteln

Please come in
I don't believe we've met before
but at first glance
and even more at second
I am filled with pleasure
I see a face
blossoming but not opulent
mouth and eyes
in lovely balance
matched by a figure
the contours of which
most gratifyingly enhance
the mediterranean head
No lack of gracefulness either
excepting the shape of your upper body
for once astonishingly over-emphasized
the sight of which
emboldens me to hope
you might reveal
the panorama of this carnal mountain range
undraped

Am I mistaken
or do I detect in your eyes
a hint of mockery
while your fingers
surprisingly compliant
unfasten your garments
exposing things
no mortal could have anticipated
a mythological profusion of breasts

Dinge preisgebend
die kein Sterblicher dort je vermutet hätte
einen mythologischen Überfluß an Brüsten
    nämlich
der dem Betrachter nun entgegenwuchert
fleischgewordene Parade von Orangen Birnen
    Zitronen und Kokosnüssen
immer heftiger aufgestört
ja durcheinandergerüttelt wie ein Obstgarten im
    Sturm
dank Ihres grausamen Gelächters
das
an meiner Verblüffung sich weidend
mich demütigt
mein Entzücken erstickt
so daß ich
Ihre Visitenkarte umklammernd
wie versteinert
auf diese Pracht starre

In meinem Adreßbuch
verzeichne ich später
CERES
Die Milch der frommen Denkungsart
Hausbesuche nach Bedarf
Mobiltelefon E-Mail Fax

—

ravishing the onlooker
carnal parade of oranges lemons pears
 and coconuts
ever more passionately aroused
nay shaken like a storm-tossed orchard
thanks to your cruel laughter
that
relishing my stupefaction
paralyses my delight
humbles me
while
clasping your visiting card
I gaze on this splendour
aghast

Into my address book
I enter
CERES
The Milk of Human Piety
house visits by appointment
mobile email fax

—

Die kleinen Männlein
die nachts in den Zimmern umhergehen
und alles durcheinanderbringen
sie kommen nur zu ordentlichen Leuten
je ordentlicher desto besser
da wird leise aber gründlich
mit der Ordnung aufgeräumt
Bibliotheken sind beliebt
da kann man Bücher
umdrehen
auf den Kopf stellen
verstecken
oder einfach falsch einordnen
Die ganze französische Literatur
findet sich plötzlich im Wäscheschrank
während die Wäsche
in die Speisekammer
zwischen das Eingemachte geraten ist
Fleißig sind die Männlein
zu herkulischen Taten fähig
Unlängst schleppten sie den Flügel
ins Kinderzimmer
keiner weiß wie
und stopften ihn voll mit Steiff-Tieren
ein Fressen für die Feldmäuse
die um die Weihnachtszeit
so gern in Klavieren nisten
Wenn die Männlein einmal Fuß gefaßt haben
sind sie schwer zu vertreiben
es sei denn man stellte sich gut
mit den Weiblein
Die nehmen den Besen in die Hand
und jagen die Männlein davon

Those little men
who wander silently
through rooms by night
and create confusion
they only visit orderly folk
the more orderly the better
Books are a favourite target
They can turn them back to front
or upside down
All French literature
suddenly surfaces in the laundry cupboard
while the laundry ends up
oddly enough
in the larder next to the preserves
Hard-working creatures they are
capable of Herculean deeds
Recently
they dragged
no one knows how
the grand piano into the nursery
and stuffed it with soft toys
a banquet for the field mice
who love to camp in pianos at Christmas
Once the little men have settled in
you won't get rid of them
unless the little women intervene
They brandish their brooms
and chase the little men away

—

Als ihm das Große Kaninchen erschien
saß er lustlos am Mittagstisch
Grämlich zählte er die Erbsen
da stand es vor ihm
unnatürlich leuchtend
Zwischen den Pfoten
hielt es eine Rübe
es mümmelte
bevor es sprach
schwer verständlich
Kaninchendeutsch
doch die Botschaft war deutlich genug
sie drang bis ins Zwerchfell
vor Freude mußte er lachen
so einfach war das alles
einfach
wenn man SAH
und WUSSTE
Auf den Knien liegend
spürte er wie etwas sein Haupt berührte
das mußte die Rübe sein
die ihn zum Ritter schlug
zum Meister des Rübenordens
Als er aufblickte
fand er sich allein vor seinem Bier
Aufatmend hob er das Glas
und mümmelte
während seine Ohren
immer steiler in die Luft ragten

—

When the Big Rabbit turned up
he was picking at his lunch
Morosely
he counted the peas
and there it was
unnaturally radiant
Between its paws
it was holding a turnip
It mumbled before speaking
barely intelligible
rabbit-talk
but the message was clear enough
it hit him in the solar plexus
making him laugh
out of utter delight
How simple things were
as long as you NOTICED and KNEW
Down on his knees
he felt something touch his head
the turnip no doubt
elevating him to a knighthood
the Order of Rape and Beetroot
When he looked up
he found himself alone with his beer
Breathing freely
he raised his glass
and mumbled
while his ears
shot ever more steeply
into the air

—

Auf seinem Gang durch die Welt
sang das Knie aus voller Kehle
denn auch Kniee haben Kehlen
Ich bin ein Knie sonst nichts

Mit seinem Zustand
war es durchaus zufrieden
Der ewige Zank mit dem Geschwisterknie
die leidige Abhängigkeit von Schenkeln
    und Waden
das alles
lag hinter ihm

Es war wohltuend
sein eigenes Knie zu sein
ein Knie ohnegleichen
das darauf zählen durfte
dereinst
zum Gegenstand der Verehrung aufzusteigen

Vorausdenkend
sah es sich im Tempelbezirk residieren
als Übermittler dunkler Weisheiten
Quelle von Wunderheilungen
Zankapfel künftiger Religionskriege
von Wächtern behütet
von der Menge staunend belauscht
wenn es bei Sonnenaufgang
aus voller Kehle
sich selbst besang

On his march through the world
the knee sang full-throatedly
from its knee-hollow
because that's how knees sing
I'm nothing but a knee

Its solitary state
suited it to perfection
the eternal wrangle with its sibling
the tiresome dependence on calves and thighs
all that
now lay in the past

It was comforting
being your own knee
a knee without compare
that could claim one day
to be an object of worship

In anticipation
it saw itself residing in the temple close
a source of wisdom and miraculous cures
unleashing
as a bone of contention
wars of religion to come
protected by guards
watched by an amazed crowd
when at sunset
it full-throatedly
sang its own praise

—

Als Godot schließlich erschien
war die Enttäuschung groß
Daß er hinkte
sah man schon von weitem
ein kleiner Mann mit gewaltigem Bart
über den er zuweilen stolperte
leise fluchend
Er war es nicht gewohnt
Rede und Antwort zu stehen
Verteidigen mochte er sich nicht
Zorn über seine eigene Ohnmacht
stand ihm nicht an
So versuchte er es mit Kalauern
darin war er unerschöpflich
Kinder fanden ihn komisch
Manchmal warf er ihnen Schokolade zu
die sie in der Luft fingen
wie Tiere im Zoo
Aber niemand kam ihm zu nahe
dazu war der Mann zu struppig
und seine Augen
hatten den bösen Blick
Erkannt hätte ihn keiner
wenn nicht sein kilometerlanger Schweif
gewesen wäre
der sich immer noch leuchtend am Boden hinzog
da sein Herr
längst schon
hinter den Hügeln verschwunden war

—

When Godot finally arrived
it was a let-down
That he was limping
became evident from a distance
a small man with an outsize beard
over which
at times
he stumbled
cursing softly
Explaining himself
did not suit him
Accounting for his deeds
was not his style
So he'd rely on puns
something he was good at
Children thought him amusing
When he threw them sweets
they caught them in mid-air
like bears in a zoo
But no one ventured near him
for that
he was too unkempt
and his gaze
betrayed the evil eye
Had it not been for his luminous tail
he might yet have gone unrecognized
It kept moving through the village
long after its master
had vanished behind the hills

—

Untitled, Max Neumann (b. 1949)

ANGELS AND DEVILS II
ENGEL UND TEUFEL II

Angel, George Nama (b. 1939)

Angels
Engel

Schlaf Englein schlaf
Dein Vater ist ein Lamm
das sich mit Vorliebe
in einen reißenden Wolf verwandelt
Bleib lieber bei uns
schöner Engel
wir herzen dich
füttern dich mit Preiselbeeren
hängen dich
als Leselampe
an die Wand
und gestatten dir
deine Hand über uns zu halten
deine Krallenhand

—

Sleep angel sleep
Your father's a lamb
who likes to turn
into a rapacious wolf
Please stay with us
lovely angel
we'll hug you
feed you with cranberries
hang you
as a reading lamp
on the wall
and allow you
to hold your hand above us
your claw hand

—

Wenn die Engel kommen
erzählen sie gerne Geschichten
etwas ungereimt freilich
Engel lieben Unsinn
informieren uns über Gott und die Schöpfung
alles frei erfunden
sehen aus wie Paradiesvögel
oder junge Propheten
oder schöne geflügelte Damen
flatterhaft
aber immer mit dieser Aura nobler Unschuld
selbst wenn sie uns bedrängen
uns mit ihren Flügeln zudecken
den Himmel öffnen
Müttern erscheinen sie als Putten
werden geherzt
und entfleuchen wieder

Auf Denkmälern sitzend
putzen sie sich
wie die Schwalben

—

When angels come to visit
they love telling stories
tall ones especially
Angels adore nonsense
inform us about God and the world
all made up
resemble young prophets
or birds of paradise
or beautiful winged women
flighty
yet always with that aura of noble innocence
even when they oppress you
smother you with their wings
open heaven
Mothers
perceive them as putti
to be cuddled
before they whirr away

Resting on monuments
they preen themselves like swallows

—

In meinen Armen der Engel
ich kann ihn nicht sehen
aber ich spüre etwas
langsam
mache ich mir ein Bild
eine Engelin ohne Zweifel
nur den Nabel
kann ich nicht finden
Wußten Sie
daß Engel
am ganzen Körper zittern
weil sie schnurren
wie riesige Katzen
wenn auch unsichtbar
Wer einen Engel
mit zu viel Gefühl anblickt
der sieht eben außer der Aura
gar nichts

—

In my arms the angel
I cannot see it
but I sense something
slowly
I form an impression
a female angel after all
only the navel
seems to have got lost
Did you know
that angels
quiver all over
because they purr
even though invisible
like huge cats
If you look at an angel
with too much feeling
you can see
apart from the aura
nothing at all

—

Zwischen den Sitzreihen der Flugzeuge
paradieren sie
wie auf einem Laufsteg
gleiten an Kybernetikern Tierbändigern und
    Texanern vorbei
und demonstrieren
uns nahezu mit den Flügeln streifend
den Verlust ihres Himmels
Nicht ohne Beklommenheit
betrachten wir die hoheitsvollen
oder in Demut gebeugten
Geschöpfe des Giotto Piero oder Angelico
die
zum Greifen nahe
an uns vorüberrauschen
während kleinere Barockengel
auf die Damen klettern
und Ginevra de' Benci
ein paradiesisches Wesen von überraschender
    Entschlossenheit
sich
blaugrün gekleidet
auf meinem Knie niederläßt

—

Strutting up and down the aisle
as though on a catwalk
angels by Giotto Piero and Angelico
parade in aeroplanes
living proof of the loss of their heaven
Rustling past Arabs and Texans
they brush us with their wings
majestic
when not bowed and humbled
while cherubs climb all over the ladies
and Ginevra de' Benci
paradisiacal
yet remarkably tough
perches on my knee
in blue and green

—

Der innere Engel
etwas beengt
in seiner Zwangslage
was vermag er schon
als uns aus den Augen zu leuchten
oder
in schöner Unschuld
ans Herz zu greifen
Dabei würde er so gerne
seine Glieder ausschütteln (draußen)
ein wenig flattern
schweben (oben)
wenn nicht gar
in aller Freiheit umherfliegen
(ein Punkt am Himmel)
trudeln
Loopings drehen
wie ein Kunstflieger
von uns
hier unten
staunend beobachtet

bevor er neben uns landet
den Applaus entgegennimmt
und
wenn auch zögernd
wieder in uns zurückschlüpft

—

The inner angel
somewhat constricted
in its quandary
what more can it achieve
than shine through our eyes
or touch our heart
In fact
it would sooner loosen its limbs (outside)
flutter a bit
float (up there)
if not fly around unfettered
(a dot in the sky)
go into a spin
loop the loop
an accomplished stunt-flier
watched by us
down here with awe

before alighting
next to us
acknowledging the applause
and
with a grimace
slipping back inside

—

Die Herkunft der Lachengel
gibt weiterhin Rätsel auf
In die Himmelschöre
sind sie schwerlich einzugliedern
Den Frommen
gelten sie als verkleidete Teufel
andere
schlagen sie den Menschen zu
dritte wiederum
nehmen sie als Kinder
die den Ernst nicht gelernt haben
kichernd noch
wenn die Welt sich verfinstert
fühllos wie Götter

—

Where those laughing angels
could have emerged from
remains obscure
Unfit for singing
they appear to some of us
devils in disguise
if not downright human
Others
see them as children
who never learned to be wise
giggling
in the face of a threatening world
unfeeling as gods

—

Am oberen Bildrand der Engel
der eine nackte
sehr leibliche
Frauenseele
an den Füßen festhält
ist er damit beschäftigt
sie vor der Hölle zu bewahren
oder wird er die kopfunterst Hängende
auf eine der dreigezinkten Gabeln fallen lassen
die
als Instrumente höherer Gerechtigkeit
zum Aufspießen bereitstehen

At the top of the picture the angel
clasps the ankles
of a very carnal woman
Is the angel busy
protecting her from hell
or will he let her drop
head first
onto one of the three-pronged forks
which
as instruments of higher justice
stand ready to run her through

—

Volcano, Werner Knaupp (b. 1936)

In dem Augenblick
da Justinus Kerner
seinen Fuß an den Rand des Kraters setzte
flog aus dem Vulkan
ein gehörnter Teufel
der sich jedoch
auf seinem Weg nach oben
blitzschnell in einen Engel verwandelte
was bei der schwäbischen Dichterschule
ungläubiges Staunen hervorrief

—

At the precise moment
when Justinus Kerner
placed his foot on the edge of the crater
a horned devil
flew from the volcano
mutating
on its way upwards
into an angel
thus causing incredulous awe
among the entire school of Swabian poets

—

Vielleicht ist Ihnen aufgefallen
daß man neuerdings
nur mehr Engel sieht
Künstler Päpste Polizisten
selbst Hühner
nichts als Engel
Kindermörder Giraffen Schoßhunde Fußballer
lauter Engel
oder Erzengel
die hoheitsvoll aneinander vorbeirauschen
verkündigen
in Jubelchöre ausbrechen
mir zu Ehren

Zählt nicht auf mich
Engelsgezücht
Ich sage mich los
von Eurem himmlischen Hochmut
Seht zu wie Ihr weiterkommt
unter Euresgleichen
herrenlos
zwischen Himmel und Erde

Kaum kehrt man ihnen den Rücken
rebellieren sie wieder

—

You may not have noticed
but lately
angels are everywhere
popes pianists policemen
even chickens
nothing but angels
giraffes assassins lapdogs
tortoises cricketers
all angels
if not archangels
flapping along
announcing
blurting out hymns
in MY honour

Don't count on me
my angelic brood
Leave me alone
I despise you
To hell with you
you servile godly lot

The moment I turn away
they start rebelling

—

Auf einer Insel
abseits aller Geographie
zwischen Einhörnern und Basilisken
wohnen die letzten Engel
höhere Wesen
die nicht wahrgenommen haben
daß der Geist nicht mehr weht
Mit heiligem Ernst
gehen sie ihren Geschäften nach
zürnen trauern musizieren
und bedeuten uns
ihrer Spur zu folgen
seraphisch zu werden
auf Leitern ohne Sprossen
einen unbewohnten Himmel zu erklimmen
einen Theaterhimmel
von der Bühnentechnik verlassen
einen Schnürboden
ohne Schnüre

—

On an island
remote from all geography
between unicorns and basilisks
the last angels dwell
higher beings
who failed to notice
that the spirit no longer blew
Earnestly
they admonish grieve play music
beckoning us to follow their trail
grow seraphic
climb rungless ladders
to reach a deserted heaven
a theatre abandoned by its stage-hands
a rigging-loft
unrigged

—

Was wir Ihnen hier bieten
ist ein Engel
der genau so aussieht
wie Sie
sich einen Engel vorstellen
Gesicht mild
Gewand wallend
Arme ausgebreitet
Flügel rauschend
Nabel keiner
Garantie 3 Jahre
Made in Austria
Sowie Sie ihm zu nahe treten
spricht er
mit fürchterlicher Stimme

Schleich dich Tschusch

—

We hereby offer you
an angel
that resembles exactly
what you imagine
an angel to look like
gentle face
arms spread wide
swirling robes
whirring wings
3-year guarantee
Made in Austria
As soon as you step too close
he bellows
with a terrifying voice

get lost you wog

—

Falls Ihnen ein Engel
der genau so aussähe wie Sie
vorschwebte
empfehlen wir Ihnen
sich in den Ateliers unserer Firma
verdoppeln zu lassen
Binnen weniger Stunden
fänden Sie sich abgedrückt
gespeichert
und in Kunststoff gegossen
Höchster Sammelwert
wäre freilich gewährleistet
wenn Sie unseren Ausstopfern
sich selbst
im Original
zur Verfügung stellten
Die Anbringung eines Flügelpaars
erfolgte zu Lasten des Hauses
Flugunterricht
erteilt im sog. Paradiesgärtlein
der Chef persönlich

Should you have in mind
an angel
that looks exactly like you
we suggest you have yourself replicated
in the workshops of our organization
Within a few hours
you would find yourself moulded
stored
and cast in plastic
Your value to collectors
however
would be significantly increased
if you
in person
made yourself available
to our taxidermists
Wings supplied
at the firm's expense
Flying lessons
in our little garden of paradise
administered
by the principal himself

—

Ob er etwas ahnte
das Aasgesicht
als ich
hoch aufgerichtet
vor ihn hintrat
Feierlich hockte er da
während ich ihm seine Sünden vorhielt
ruhig zuerst
dann immer heftiger mich erhitzend
bis ich zu brennen begann
meine Flügel sich knisternd verfärbten
meinem Gesäß
ein pechschwarzer Schweif
ins Unendliche greifend
entsproß
So peitsche ich nun die Sterne
damit sie
erlöschend
in der Finsternis verschwänden
Auftakt einer neuen
erbärmlichen Theodizee

—

Did that carrion-face
smell a rat
as I
standing tall
went to confront him
There he squatted
solemnly
while I reproached him with his sins
calmly at first
then with increasing ardour
until I began to burn
crackling wings discoloured
pitch-black tail
sprouting from my buttocks
reaching out into the infinite
whipping the stars
to make them vanish in the dark
prelude to a new
abominable theodicy

—

Devil, George Nama (b. 1939)

Devils
Teufel

Zwischen den Klaviertasten lauern sie
dünn und durchsichtig wie die Gläser Stoskopffs
bereit
den nächsten Pianistenfinger
rasiermesserscharf zu ritzen

Flatternd wie ein blind gewordener Vogel
verfehlt er den ihm zugedachten Ton
worauf das musikalische Luftgebäude
mit seinen Rouladen und Rocaillen
wie ein Kartenhaus zusammenstürzt

Seht den großen
altersblöden Haydn
im Jenseits
seine leeren Augenhöhlen
zum Himmel aufschlagen

—

In between the piano keys they lurk
thin and transparent like Stoskopff's
    champagne glasses
ready to sever
razor-sharp
the next available virtuoso finger

Fluttering like a blinded bird
it misses the appropriate note
whereupon the airy musical edifice
with its roulades and rocailles
collapses like a house of cards

Look
how in the hereafter
the great senile decrepit Haydn
turns his empty eye sockets
towards heaven

—

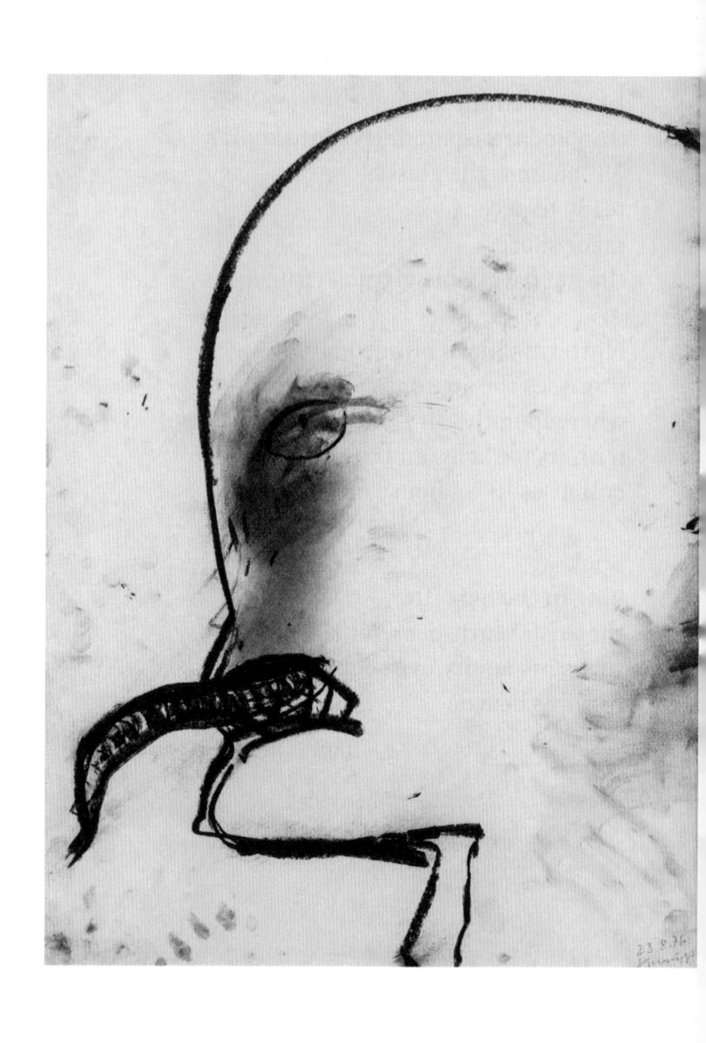

Snake Heads, Werner Knaupp (b. 1936)

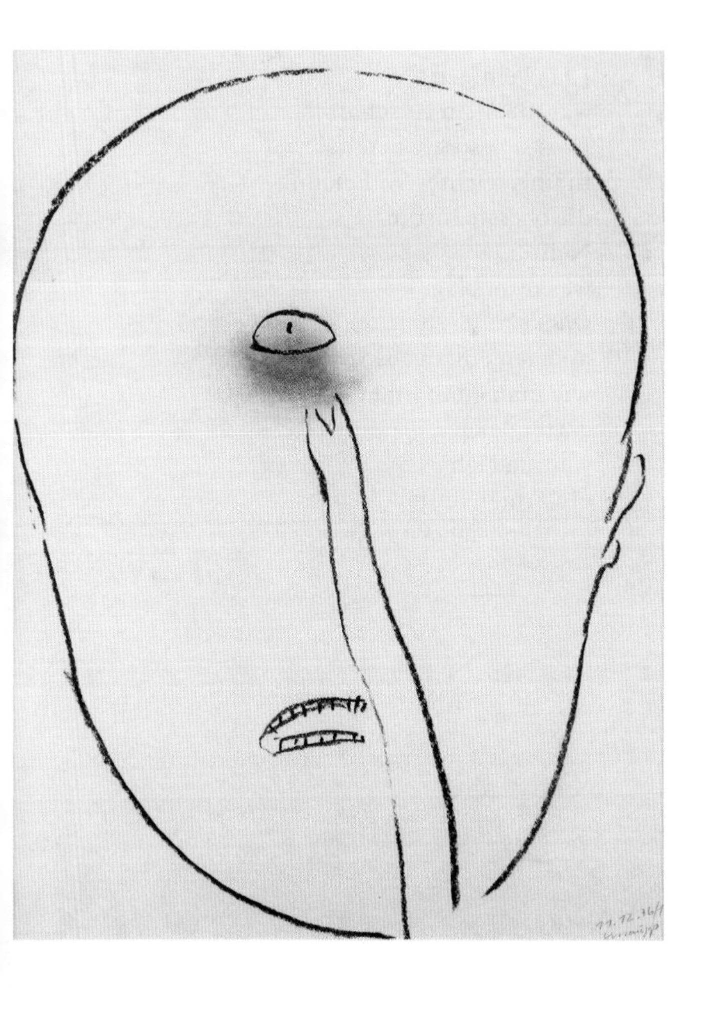

Das Peinigen
war nie mein Geschäft
Dieses besorgte bereits
in unerreichter Vollendung
die oberste Instanz
Nein
was mir oblag
war
anderen einzugeben
wie man quält und tötet
göttergleich
während ich
ein armer Teufel
grinsend dabeistand

—

Torture
has never been my thing
The elite
go about it
with unparalleled perfection
No
my task was
to instruct others
how to taunt
tantalise
and kill
while I
poor devil
just stood there
grinning

—

Wenn Teufel sich langweilen
spielen sie Gutsein
Sie falten die Hände
rücken ihre Mienen zurecht
und verzeihen einander alles
was sie je Teuflisches getan hatten
oder gerne täten
Wer am lautesten weint
darf zwacken

—

When devils feel bored
they play at being good
With pious faces
hands neatly folded
they sit round the boardroom table
and forgive each other anything they ever did
or might be itching to do
The first to dissolve in tears
wins

—

Daß die Teufel Sardiniens
nie genau wissen
was die Uhr geschlagen hat
verdanken sie den sardischen Turmuhren
die auf verschiedenen Kirchturmseiten
verschiedene Tageszeiten angeben
Den sardischen Küstern obliegt es
den Zeigerstand täglich zu verändern
doch hört man von sardischen Kirchensprengeln
die sich
aus Mangel an schwindelfreien Kirchendienern
der Uhrzeiger kurzerhand entledigt haben
einen Zustand herbeiführend
der allen jenen
die Uhren als Werkzeuge des Bösen verabscheuen
einen Hauch von zeitloser
um nicht zu sagen göttlicher
Ordnung vermittelt

—

Due to a peculiarity
of Sardinian churches
whose clocks
routinely show different hours
on different sides of the steeple
Sardinian devils
remain permanently confused
Sardinian sacristans are obliged
to reset clock hands daily
Rumour has it however
that
lacking vertigo-free parishioners
the odd Sardinian parish
has dispensed with clock hands altogether
thus instilling in those
who abhor timepieces as tools of evil
a whiff of timeless
nay divine
order

—

Hinter schreiend bunten Papierschlangen
verbergen sich
im Kurhaus der Moribunden
die Pflegefälle
und starren auf die Geschwülste
der riesigen Pfannkuchen
die eine fürsorgliche Küche
im Speisesaal für sie bereithält
Zur Visite
erscheinen die Ärzte diesmal
in schwarzen Draculamasken
von lustigen roten Hörnern
zusätzlich gekrönt
Mit etwas Glück
belegt der Neuankömmling noch heute
ein Einzelbett

In the spa clinic for the moribund
behind garish paper garlands
the patients cower
staring at the giant
tumour-shaped pancakes
a solicitous kitchen
keeps ready for consumption
At visiting time
the doctors show up
in black Dracula masks
crowned for good measure
by jolly red horns
If fortune smiles
the recent arrival
should occupy a single room
right away
all by himself

—

Freudig
läuft er auf Dich zu
der Mensch mit dem Messer
Er will Dich schlachten
soviel ist klar
Du siehst es daran
wie er das Messer hält
beide Hände am Griff
ein Schlächtermesser
auf Deinen Magen gerichtet
der sich zusammenkrampft
bevor der Stoß
unabwendbar
Dich umwirft
Durchbohrt
stehst Du auf
als sei nichts gewesen

—

Joyously
he runs towards you
the fellow with the knife
He wants to slaughter you
that much seems clear
You can tell from the way
he holds the knife
with both hands
a butcher's knife
aimed at your stomach
which contracts
before the thrust
irremediably
knocks you down
Run through
you rise
as though nothing had happened

—

Double-faced Head, Africa

Both
Beides

Einmal im Jahr
wenn die Schlagbäume von Himmel
und Hölle sich öffnen
dürfen Engel und Teufel
miteinander Menschen spielen
In Karnevalslaune
lästern sie Gott und Satan
vergessen alte Familienfehden
und schwirren
paarweise und zweistöckig wie Maikäfer
durchs Niemandsland der Sphären
Taumelnd und jeden Ortssinns beraubt
wissen sie am Ende nicht mehr
wo sie herkamen oder hingehören
wenn Gabriel die geflügelten Heerscharen
in ihre Garnisonen zurückpfeift

—

Once a year
as hell and heaven open their gates
devils and angels
join in playing the human game
Forgoing old family feuds
they fraternize
fool around
mock God and Satan
and whirr like mating cockchafers
double-decker style
through earth's orbit
At the end of the day
when Gabriel summons the winged armies
back to their garrisons
they struggle
disoriented
to recall whence they came
or where they belong

—

Jetzt seht euch diese Engel an
die in ihrem himmlischen Harnisch
alles kurz und klein schlagen
was nicht zur höheren Ehre
wimmernd auf die Knie fällt
ein Leib- und Seelengemetzel
von apokalyptischer Vollständigkeit
dem nur jene von uns
nicht rettungslos zum Opfer fallen
die ihren Schutzteufel mit dabei haben
ein
in diesen Zeitläufen
überaus nützliches Wesen
dessen Fähigkeit
in den Ruinen und Kellerlöchern des
        neuen Jerusalem
häuslich sich einzunisten
uns zweifellos
noch gute Dienste leisten wird

—

Just look how these angels
clad in their celestial harness
make short work of anyone
who doesn't instantly
sink slobbering to his knees
a butchery of apocalyptic magnificence
irredeemably lethal to those
who cannot boast a guardian devil
a creature
hard to overestimate these days
whose ability
to set up house
in the ruins and hideaways of the
    New Jerusalem
will undoubtedly
spare us the worst

—

Untitled, Gottfried Wiegand (1926–2005)

HUMANS AND PHANTOMS

MENSCHEN UND PHANTOME

Es gibt uns
Das ist immerhin etwas
Wir fassen uns an
Nase Mund und Kinn
Keine Frage
wir sind vorhanden
Nun noch den Hosenschlitz
hier zu zweifeln wäre glatter Wahn
Hingegen Engel und Teufel
die gibt es auf gar keinen Fall
Wir Erwachsenen wissen dies
Den Weltenlenker
das Rumpelstilzchen
die ganze Götter- und Geisterbrut
davon kann doch bei klarem Verstand
nicht die Rede sein
Eigentlich ein starkes Stück
uns so auf dem Trockenen
sitzen zu lassen
mit uns selbst

—

We exist
That's at least something
We touch ourselves
nose mouth and chin
No question
we're there alright
If further proof were needed
there's the trouser zip
Angels and devils
on the other hand
definitely DON'T exist
We adults know that
The Great Architect
Rumpelstiltskin
gods and spirits
the whole caboodle
there can be no question of that
What impudence though
leaving us sitting high and dry
all on our own

—

Sie spüren ein Gefühl der Leere
Etwas nagt an Ihrem Inneren
Neiderfüllt blicken Sie um sich
Wie gerne wären Sie ein anderer
Geben Sie sich in unsere Hand
Wir verwandeln Sie
ohne Zögern
in Ihr Gegenteil
Sie triefen
Wir trocknen Sie aus
Sie sind verdorrt
Wir stimulieren Ihre Säfte
Sie beharren darauf ein Mann zu sein
Wir verändern Ihre Anatomie
Sie neigen zur Sanftmut
Wir versetzen Sie in Raserei
Sie schielen auswärts
Wir invertieren Ihren Blick
Sie zweifeln
Wir erfüllen Sie mit Gewißheit
Sie sind verängstigt
Wir hängen Sie
an Ihren Zähnen
unter die Zirkuskuppel
Sie ruhen in sich selbst
Wir reißen Sie in Stücke
Sie atmen Gesundheit
Wir kontaminieren Sie
Sollte in Ihnen
als Spätfolge

You feel an inner void
Something is gnawing at your soul
Enviously
you scrutinize others
longing to be
who you are not
Do not despair
Swiftly
we shall turn you
into your opposite
If you drip
we'll staunch the flow
If you feel barren
we'll get your juices going
If you insist on being a man
we'll alter your anatomy
If you're sweet-natured
we'll drive you raving mad
If you squint the wrong way
we'll invert your gaze
If you are consumed with doubt
we'll inject conviction
If you suffer from anxiety
we'll hang you
by your teeth
beneath the circus dome
If you're calm and composed
we'll tear you apart
If you exude good health
we'll contaminate you

der Wunsch aufkeimen
ein Mensch mit seinem Widerspruch zu sein
rücken wir Sie dialektisch in die Mitte
Die Zauberer und Magnetiseure des Hauses
stehen zu Diensten

—

Should you
as an after-effect
be gripped by the desire
to prevail amid contradictions
we'll shift you
dialectically
into the middle
Our magicians and magnetists
await your call

—

Möchten Sie nicht
vielleicht
ein Held sein
Tyrannen trotzen
im Winter
ohne Mantel
freiwillig frieren
im Zirkus Feuer schlucken
ein großes Orchester dirigieren
von innen heraus leuchten
wie Gérard Philipe
dem Schicksal in den Rachen greifen
wie unser Beethoven
im Eheleben ausharren
für eine Wahrheit Sache Idee
unverdrossen sterben
vorher jedoch
möglichst viele andere
zum Tod befördern
als Stylit
auf einer Säule stehen
als Märtyrer
stolz und stoisch
diesem Dasein Adieu sagen
fürs Vaterland
sich schlachten lassen

Ermannen Sie sich
Wir heben Sie auf unseren Schild
tragen Sie spazieren
sorgen für Nachruhm

—

Wouldn't you
perhaps
like to become a hero
withstand tyrants
swallow fire in a circus
freeze coatless in mid-winter
conduct a hundred-piece orchestra
radiate from within
like Gérard Philipe
grab fate by the throat
à la Beethoven
persevere in matrimony
die gallantly
for a truth idea cause
not
however
before consigning as many as you can
    to their graves
stand erect
on a column
bid goodbye to this world
stately and stoical
as a martyr
let yourself be butchered
for your country

Be a man
We'll carry you on our shield
arrange for your posthumous fame

—

Mit steinernem Gesicht durch die
Menschen gehen
lohnt die Mühe
Ehe man sich versieht
ist man der Realität entrückt wie ein Denkmal
Kein Zucken der Mundwinkel
kein Augenzwinkern
prüfendes Vorstülpen der Lippen
oder mokantes Stirnrunzeln
verunstaltet die wetterfeste Oberfläche
Kein Lächeln des Wiedererkennens
erfreut den herbeieilenden Passanten mit der
ausgestreckten Hand
Wie in den Gasthöfen die Kellner
blicken wir an ihm vorbei
oder durch ihn hindurch
bis er seine Hand verwirrt zurückzieht
und auf jemand anderen zueilt
Zu Hause entspannen wir uns
gleiten in Tanzschritten über den Boden
und schneiden Gesichter
bis die Muskeln erschlaffen
und Müdigkeit uns überwältigt

—

To walk through people stony-faced
reaps its own rewards
In no time at all
one feels like a monument
removed from reality
No twitching around the mouth
no grin
no wink
nor mocking frown
disfigures our weather-proof surface
No smile of recognition
heartens the passer-by with the
outstretched hand
Like waiters in a restaurant
we look past or through him
until he hastens to greet someone else
At home
we dance grimacing across the floor
before our facial muscles
give in to fatigue

—

Als Joachim uns vorführte
wie man übers Meer wandelt
fühlten wir
wie in unseren Kehlen
etwas Feierliches hochstieg
Seine Zigarre in der Hand
schritt oder schwebte er
den Naturgesetzen spottend
auf wenn nicht über dem Wasser
im Einklang mit sich selbst
trocken wie ein Bückling
von der Abendsonne rosig angestrahlt
wobei wir ihm
erst kopfschüttelnd
dann unwillkürlich leise singend
mit den Augen folgen
Jetzt winkt er uns
das hätte er vielleicht nicht tun sollen
denn Max
ihm nachstrebend
versinkt wie ein Stein im Wasser
Es scheint
daß in Joachim Kräfte am Werk sind
die wir dort
am wenigsten vermutet hätten

—

When Joachim demonstrated
how to walk on water
we felt a lump in our throat
Cigar in hand
he stepped or floated
defying the laws of nature
on if not over the sea
at one with himself
as dry as a smoked herring
illuminated pink by the setting sun
while we
at first shaking our heads
then
all at once
singing softly
followed him with our eyes
Now he's beckoning
which perhaps he shouldn't have done
for Max
reaching out to him
sinks like a stone in the sea
Frankly
none of us suspected
that Joachim of all people
had a trick
up his sleeve

—

Die Auskunft
daß sich in der Tritsch-Tratsch-Polka
einem besonders fröhlichen Musikstück
der Heilige Geist verbirgt
kam für einige von uns
nicht völlig unerwartet
Wir verdanken
die endgültige Aufdeckung dieses Tatbestands
einem gewissen Alois
dessen geschärftes Ohr
im Opus 214 des Walzerkönigs
unmißverständlich Gottes Stimme vernahm
Von Alois angestiftet
bewegen wir uns seither
im Zweitakt der Polka-Schnell
geradeaus auf den Allmächtigen zu
durchqueren kreuzfidel seine achtzehn
oder waren es dreiunddreißig
Himmelskreise
welche sich nun
einer nach dem anderen
vor uns auftun
allen jenen Einlaß gewährend
die dem Alois hinterdreintanzen
gelegentlich durch Ohrfeigen angefeuert
Ohrfeigen der Begeisterung
rechts und links
auch da blieb man im Tritt
oder Tritsch
nichts durfte den Gleichklang stören
man hält beide Wangen hin

The news that
in the Tritsch-Tratsch-Polka
a truly uplifting piece of music
the Holy Ghost lay lurking
was not
for some of us
entirely unexpected
Confirmation of our suspicions
was supplied by a certain Alois
whose razor-sharp ear
detected in the Waltz-King's Opus 214
the unmistakable voice of God
Spurred on by Alois
we have since found ourselves
in brisk two-four polka tempo
heading straight for the Almighty
blissfully traversing his eighteen
or is it thirty-three
celestial spheres
which now
one after the other
open up before us
granting entry to all those
dancing in Alois's wake
encouraged now and again by a clip on the ear
a source of spiritual inspiration to be sure
while still keeping strictly
or stritschly in step
left right
Nothing must disturb the sense of harmony
Since both proffered cheeks

dann glühen sie schöner
vielleicht auch noch den Rücken
dem der Alois
tritsch tratsch
mit der Peitsche eins überzieht

(An Klaus Heinrich)

—

glow so radiantly
why not present one's back as well
on which Alois
tritsch tratsch
might crack his whip

(To Klaus Heinrich)

—

Ängstlich verstummen die Leute
wenn Theodor
in seinem altmodischen weißen Nachtgewand
mit ausgestreckten Armen das Dach besteigt
in den Händen eine große graue Maus
ein Stofftier vielleicht
das ihn
wie ein geheimer unwiderstehlicher Motor
hinter sich herzieht

Wo sie wohl hinstrebt die Maus
mit ihrem Theodor
der in schöner Vorsicht seine Schritte setzt
erleuchtet vom Mond
und seiner Maus vertraut
die ihn beschützt
wenn er Schutz braucht

Ob ihn sein Mäuseengel
ins Haus zurücklotst
ehe die schwarze Wolke dort oben
das Mondlicht unter seinen Füßen wegzieht
und die Finsternis
ihm die Augen öffnet

—

Anxiously
we all fall silent
when Theodore
in his old-fashioned white nightshirt
climbs the roof
arms outstretched
hands
clasping a large grey mouse
a stuffed toy it's believed
that propels him
like a mute irresistible motor

Whither
one wonders
does the mouse propel its Theodore
who steps out with perfect poise
lit by the moon
and trusts his mouse
his guardian
when he feels the need for protection

May the rodent-angel
pilot him back to safety
before the black cloud above
pulls the moon from under his feet
and darkness
lights his eyes

—

Eine einzige freundliche Zeile
uns täglich abzuringen
eine kleine positive Geste
den Lesern aufzutischen
das sind wir uns zweifellos schuldig

Zunächst holen wir tief Atem
und betrachten uns im Spiegel
bis wir uns richtig sympathisch geworden sind
Dann blicken wir im Zimmer umher
Ein möglichst unscheinbares Objekt muß
es sein
kaum der Aufmerksamkeit würdig
das wir nun
konzentriert und innig
ins Auge fassen
ein Stäubchen vielleicht
stellvertretend für sämtliche Galaxien
Sobald wir fühlen
daß die Welt gut sei
ja geradezu wunderbar
eilen wir zum Papier
halten den Atem an
und notieren etwas Preisendes

Dann atmen wir aus
und durchblättern
die neuesten kosmologischen Nachrichten
in Erwartung des Asteroiden

To compose
one reassuring line per day
to placate our public
with a positive gesture
this
we quite simply
owe ourselves

First of all
we breathe in deeply
and look into the mirror
until we like what we see
Then
we glance around the room
for a truly insignificant object
ignored by everyone
which we gaze at lovingly
a speck of dust maybe
that for us represents all galaxies
As soon as we feel the world to be good
or even wondrous
we hurry to our desk
hold our breath
and pen our panegyric

Whereupon
we breathe out
and leaf through the latest news from
the Cosmos

der irgendwo in der Ferne auf uns zurast
wenn nicht zuvor schon
der erloschene Stern in uns
unser Schwarzes Loch
uns jeder Wahrnehmbarkeit entzieht

—

grimly aware of the asteroid
which approaches
from somewhere out there
and will hit us
if by then
our own black hole
hasn't sucked us in

—

Verzweifelt sah er auf die Uhr
wo Johanna nur blieb
in fünf Minuten begann
wie er aus bester Quelle wußte
der Weltuntergang
ein Spektakel
dem er sich allein nicht gewachsen fühlte
Gewiß stand sie vor dem Spiegel
malte sich die Augenränder schwarz
stieg aus einem Schuh in den anderen
oder wühlte im Modeschmuck
Der Himmel vor seinen Augen glänzte gelblich
kleine Rauchwolken erschienen
während es unter seinen Füßen verdächtig
knisterte
Ein nicht allzu lauter Knall drang an sein Ohr
bevor er in Ohnmacht fiel
Als er aufwachte
bespritzte ihn jemand mit Wasser
Die Welt war noch da
Johanna trug einen riesigen Hut
öffnete die Tür zur Terrasse
und sagte
War das alles

—

Looking at his watch
his face fell
Where on earth was Josephine
In five minutes
he knew the world would end
an event
he'd rather not witness alone
Clearly
she'd be standing in front of the mirror
putting on eye-liner
stepping out of one shoe into another
or rummaging through her jewellery
The sky had acquired a greenish tint
tiny puffs of smoke appeared
while
under his feet
there was a suspicious crackle
A bang
not unduly loud
reached his ear
before he fainted
When he awoke
someone was sprinkling him with water
The world was still there
Josephine
wearing an enormous hat
opened the terrace door
and said
Was that it

Seines Menschentums müde
beschloß Wilhelm
statt dessen ein Brezel zu sein
Salzig schmeckte er bereits
knusprig
wiewohl nicht mehr der Jüngste
war er immer noch
So blieb ihm nur
in einem Wäschekorb zu liegen
bräunlich zu glänzen
Arme und Beine brezelhaft zu verschränken
und darauf zu warten
daß ihn jemand knacke

—

Tired of being human
William decided
to be a pretzel instead
Salty
he already was
tasty
despite his age
he still remained
Thus
all that had to be done
was to lie down in a laundry basket
brownish and gleaming
knit arms and legs together
pretzel-style
and wait for someone
to crunch him

—

Es ist nun an der Zeit
ein Liebesgedicht zu schreiben
Den Zustand
kennen ja die meisten
Aber die Worte finden
den Tonfall die Schlichtheit das
    kleine Tremolo
das wollen wir uns nun endlich zumuten
Erklären wollen wir gar nichts
das wäre ein Fehler
da kämen wir aus den Widersprüchen
    nicht heraus
peinlich berührt
rückten die Leser von uns ab
Lieber wollen wir uns fragen
wen oder was wir zu lieben gedenken
Frauen Kinder Hunde die Menschheit
    das Weltall
Ich persönlich
würde von Hunden absehen
und mich an die Nachbarin halten
mit etwas Glück
steckt in ihr eine neue Suleika
oder Laura
Wer ins Detail verliebt ist
wird sich mit einzelnen Körperteilen begnügen
dem Kinn etwa
der Kniekehle
oder der Rundung eines Busens

The moment has arrived
to write a love poem
Most of you
will be familiar with the feeling
But finding the words
the candid tone
the faint tremor of the voice
this is what we'll try to accomplish today
To explain anything
would be a mistake
faced with countless ambiguities
our readers would desert us in droves
Rather
we should determine
whom or what we propose to love
women children dogs mankind the universe
I personally would disregard dogs
and target the brunette next door
With a bit of luck
she'll turn into another Laura
or Suleika
Those keen on detail
should concentrate on a particular feature
the chin the back of the knee the curve
of a bosom
Others
by contrast
are bound to use a broader canvas
command a legion of Lauras

Groß angelegte Naturen wiederum
lieben mit breiterem Pinsel
kommandieren eine Legion von Lauren
umarmen Gott oder die Götter
Zu klären wäre schließlich noch die Machart
Wir empfehlen das Paradoxon
den Euphemismus die Aposiopese
Wenn Sie nun die Freundlichkeit hätten
mit dem Dichten zu beginnen

—

embrace one or all of the Gods
As for style and technique
paradox euphemism or aposiopesis
would suit our purpose
Now kindly start writing

—

Da ist etwas
zwischen uns
Es wendet unsere Gesichter
einander zu
lenkt unsere Augen
durch den Raum hinweg
in die Augen des anderen
bis unsere Blicke
aneinander sich entzündend
zugleich
mit ihrem Feuer
die Nacht in uns preisgeben
in die wir nun
geblendet
hineintauchen
während das Phantom zwischen uns
ein achtloser Puppenspieler
unsere Fäden verwirrt

—

There is something between us
It sneaked in
unnoticed
turning our heads toward each other
directing our eyes
across the room
into the other's eyes
until they kindle
radiate
yet open on an inner darkness
into which we plunge
our eyes dazzled
while the phantom between us
a perfect puppeteer
draws our strings together
for a fleeting moment of truth

—

Untitled drawings, Ernst Skrička (b. 1946)

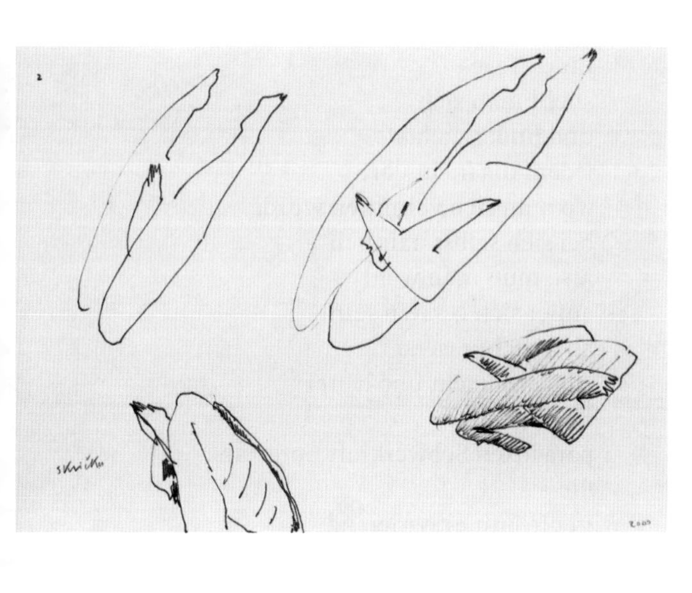

Plötzlich ist es einfach geworden
in der Liebe
sich zu verlieren
Eines Tages
sucht man sich
und findet nichts
jedenfalls nicht dort
wo man sich vermuten würde
bei sich selbst nämlich
also muß man wohl
außer sich geraten sein
aber nicht rasend
sondern leicht und heiter
einer neuen
paradoxen Schwerkraft untertan
die
in die Luft gravitierend
den Astronauten des Gefühls
Herz über Kopf
zu Ihr hinanzieht

—

Suddenly it has become simple
to lose yourself in love
One day
you look for yourself
and find nothing
at least not
where you would expect yourself to be
namely in yourself
Surely
you must be out of your mind
not raving though
just light and merry
subject to a new paradoxical gravity
which
gravitating into the air
lifts you up to Her
heart over heels
a doting astronaut

—

Den Bogen spannen
entschlossen aufs Herz zielen
ein schönes zuckendes Herz

Zugleich das eigene
zögernd preisgeben
den Tod im Auge

In der innersten Herzkammer
als Pfand sich niederlassen

—

Draw the bow
Bravely aim at the heart
a fine quivering heart

At the same time
while staring at death
hesitantly surrender your own

Within the heart's innermost chamber
settle down
pledging your life

—

Sich aufgeben
sich einlösen

Sich vergeuden
sich straffen

Sich enteilen
sich einholen

Sich vergessen
anders sich besinnen

Sich löschen
schöner brennen

Mit Gewinn
sich verspielen

Aus dem Unglauben
Liebe filtern

—

Abandon yourself
redeem yourself

Yield yourself
tauten yourself

Rush away from yourself
retrieve yourself

Forget yourself
recall a different self

Quench yourself
burn more beauteous

Gain
by gambling yourself away

Filter love
from unbelief

—

Diese zarten Krümmungen und
    Kurvenschwünge
geeignet
den Betrachter das Glück des Gleitens zu lehren
wo für Blick und Hand
nichts aneckt oder ausflacht
aufs schönste gerundet ohne auszuufern
weder Endlosbeine noch Schrumpfkopf
zugleich durchaus ätherisch
ein olfaktorisches Einhorn
unberührt vom Pesthauch der Welt
in seine Duftlosigkeit gehüllt
wie in ein farblos schimmerndes Gewand

—

Hail
to those rounded contours and beguiling curves
emboldening hand and eye to caress
a surface neither angular nor flat
mercifully remote
from anorexic limbs topped by a shrunken
head
a sight shapely yet ethereal
unscathed by our planet's pestilential vapour
an olfactory unicorn
swathed in its non-smell
as in a white gleaming raiment

—

Es gibt
falls ich richtig gezählt habe
17 Arten der Liebe
Sie aufzuführen wäre müßig
man muß sie erfahren haben
braucht allerdings ein gutes Gedächtnis
sie auseinanderzuhalten
Die Kunst besteht darin
sich während man liebt
zugleich zu beobachten
Ruhig Bleiben
Vergleichen Einordnen
Das erfordert Nüchternheit
Fleiss
und einen größeren Bekanntenkreis
Von den 32 Stimulantien
die der Liebe aufhelfen
kann schon ein kleines Paket
sagen wir fünf bis sieben
das Bewußtsein vorübergehend umnachten
Gravierender freilich
wäre eine Zahl von 20 aufwärts
doch könnte sebst dann noch
ein einziger wunder Punkt
den Liebesdrang ersticken
das Timbre einer Stimme etwa
stechende Augen

There are
if I haven't miscounted
17 different kinds of love
not to be spelt out of course
as they must be experienced
with a trained awareness
to be sure of telling them apart
Most demanding of all
is to watch yourself loving
scrutinize catalogue compare
a feat requiring perseverance
zeal
and an ample reserve of friends
Of all 32 love-inducing components
a mere 5 or 7
might manage
if fleetingly
to undermine reason
20 or more
are bound to achieve
something more concrete
albeit
without fully removing the peril
of a single unfortunate item tipping the scales
the timbre of a voice for example
eyes placed too close to the nose
religious mania

religiöser Wahn
oder die rätselhafte Abwesenheit von
    Brustwarzen
Am rarsten ist Liebe Nr. 16
Ihre Existenz wird heute bestritten
Hinter vorgehaltener Hand
sage ich Ihnen
es gibt sie

—

or nipples inexplicably missing
The rarest of brands is No.16
People claim it doesn't exist
Believe me
it does

—

Ein ungeschützter Blick
ein Flackern der Augenlider
eine kaum verhohlene Geste der Zuwendung
erste Liebesinitiativen
im Gedächtnis geisternd
Signale ohne Geschichte
Funken
die kein Brand belohnte
codierte Botschaften
im Rückblick erst entziffert
Möglichkeitsspiele der Erinnerung

Späte Flaschenpost

An unguarded glance
a flicker of the eyelid
a barely concealed gesture of devotion
first stirrings of love
haunting the memory
signals without history
sparks
not rewarded by fire
coded messages
deciphered with hindsight
past possibilities
quickened by remembrance

Bottle post delayed

—

In den Mund genommen
zerfällt das Wort Liebe
zwischen Zunge und Gaumen
in seine Bestandteile
gleitet
fragmentiert
in die falsche Kehle
und belohnt uns mit Hustenanfällen
bevor wir es
mit großer Sorgfalt
Buchstabe für Buchstabe
aus der Herzgegend entfernen
Dann geben wir es
in kleinen unverdaulichen Kügelchen
schleunigst von uns
klumpen diese jedoch
in der hohlen Hand
abermals zusammen
worauf wir das erzielte Ergebnis
auf dem Schreibtisch deponieren
der es uns
mitten im Zimmer stehend
gestattet
das sphärische Gebilde
von allen Seiten zu besichtigen

—

Once uttered
the word love disintegrates
between tongue and palate
into its component parts
slips
the wrong way down the throat
and rewards us with a coughing fit
before we neatly remove it
letter by letter
from the cardiac region
Hurriedly
we now evacuate
what turn out to be indigestible pellets
only to collect them
in the palm of our hand
after which we deposit the retrieved nuggets
on the desk
that
located in the centre of the room
permits us
to inspect the shapely item
from every angle

—

Ahnungslos noch
saß der Mann auf dem Sofa
während die Dame mit dem schönen Lächeln
sich ihm
wie einer Zielscheibe zuwandte
Niemand
das wußte sie
hielt diesem Lächeln stand
Es war sofort da wenn man es brauchte
übers ganze Gesicht verteilt
Ausdruck einer schönen Seele
die zu erkunden
sich der Angelächelte
eiligst zum Ziel setzte
voller Neugier bereits
ob neben der Seele
vielleicht noch andere Regionen der Lächlerin
zur Erschließung aufriefen
Da der Augenschein
solchen Hoffnungen keineswegs widersprach
beschloß der Angelächelte
im Laufe des
sich nun entspinnenden
Austauschs von Nichtigkeiten
das Seelische der Situation
lieber gleich zu überspringen
Es schien ausreichend
dieses Lächeln
als ein weiter nicht erklärbares Phänomen
der Erinnerung einzuverleiben

—

Unsuspecting
he sat on the sofa
when the lady
aimed at him
as if at a target
No one
she knew
could resist her smile
Available whenever needed
it was there in a flash
spread all over her face
poignant proof of a noble soul
which in due course
the recipient felt intrigued to investigate
curious
as to whether
besides the soul
there might be other regions
worth exploring
Since the evidence
by no means precluded such hopes
the smiled-at
during the ensuing exchange of trivialities
decided to forgo the spiritual aspect altogether
It appeared sufficient
to remember this smile
as an unexplained mirage

—

Worauf sie wohl hinauswollte
die Frau die ihm im Halbschlaf erschien
über die Maßen plastisch
von zärtlichster Gemütsart
Warum gönnte sie ihm nicht die Ruhe
ermattet wie er ist von geistiger Verrichtung
drängt sich an ihn
zwickt ihn in die Wange
reizvoll das muß man zugeben
trotz oder wegen des außerordentlich
großen Busens
der sich mehrmals um ihn herumschlingt
ein Oktopus aus zärtlichem Material
kühl wie Schlangenhaut
Vielleicht verwechselte sie ihn mit Tarzan
oder King Kong
wo er doch
am Schreibtisch kauernd
kaum seine Glieder rühren kann
Vielleicht sonnt sie sich in Eroberungen
führt Buch
und vergibt Noten
Vielleicht liebte sie ihn sogar
das wäre bedenklich
obwohl schmeichelhaft
da müßte man sich
schlau aus der Umklammerung lösen
ein schwieriges Unterfangen

What did she want
showing up like that
when he was half asleep
remarkably three-dimensional
scantily but expensively clad
Why didn't she leave him alone
exhausted as he was from mental exertion
why thrust herself upon him
pinch his cheek
alluring it had to be said
in spite or because of
her excessively large bosom
wrapping itself twice around him
an amorous octopus
cool as snake-skin
Perhaps she mistook him for Tarzan
whereas
used to crouching over his desk
he barely knew how to move his limbs
Perhaps she revelled in conquests
kept records
and gave marks
Perhaps she even loved him
that would be alarming
albeit flattering
One needed
in such circumstances
to decide

oder sich damit abfinden
daß die Tentakeln
am Ende
Mund und Augen bedeckten
jedes Bewußtsein erdrosselnd

—

whether to free oneself from her clasp
a delicate undertaking
or face the fact
that in the end
eyes and mouth
would be covered by tentacles
and all consciousness
lovingly smothered

—

Das Bedürfnis
mich selbst zu heiraten
ergriff von mir Besitz
als Otto und seine Frau
während eines Symphoniekonzerts
schreiend aufeinander losgingen
Mit einem Schlag
erhellte sich mir
worauf es ankam
Ich hatte mich gefunden
Im Spiegel
nickte ich mir zu
spitzte die Lippen
Dir
sagte ich zu mir
Dir einzig anzugehören
eins mit Dir selbst zu sein
für Dich allein unbeschränkt vorhanden
diesen Zustand herbeizuführen
lohnte das Leben
Beim Hochzeitsmarsch
schritt ich unbegleitet
in Krawatte und Schottenrock
Hand in Hand mit mir selbst
ein zweifaches Ja auf den Lippen
Das Glück der nächsten Monate
war ungetrübt
Träumend
lebte ich vor mich hin
las mir jeden Wunsch von den Augen
bettete mich auf Rosen
Koseworte in mich hineinflüsternd

The idea
to marry myself
took hold of me
the moment Victor and his spouse
yelled at each other
during a performance
by the local brass band
of Vivaldi's Seasons
With blinding clarity
epiphany set in
Next to the mirror
I nodded to myself
lips pursed into a kiss
Being all yours
I told myself
at one with yourself
available to oneself at all hours
this state of grace
should make life worth living
During the wedding march
I strode
in kilt and tie
all by myself
hand in hand with myself
a twofold yes on my lips
For months to come
ecstasy held sway
I lived in a dream
read every wish from my eyes
bedded myself on roses
whispered
all to myself

Treueschwüre
mit zitternder Stimme
an mich richtend
Die Aufforderung des Max-Planck-Instituts
mich klonen zu lassen
wies ich zurück
Selbstgenügsam
wünschte ich mich zu lieben
Inzwischen
erkennt man mich auf der Straße
bedrängt mich mit Briefen
Im Fernsehen
werbe ich für die Familie von morgen
Heute abend
erwarte ich Besuch
Höchste Zeit
sich heimlich zu betrügen

—

terms of endearment
When offered
by the Max Planck Institute
to have myself cloned
I declined
Self-contained love
was what I stood for
Meanwhile
people grin at me on the street
fans send me email
in TV debates
I plead for the minimal family
Later this evening
I've got a date
It's about time
I cuckolded myself

—

Natürlich liebe ich dich
sagte er zerstreut
du weißt doch daß ich alle Frauen liebe
Grund genug
daß die so Angesprochene
im Namen aller Frauen
ein Messer ergriff
und den Mann mit dem geräumigen Herzen
stellvertretend für alle Männer
erstach

—

Of course I love you
he said unthinking
you know that I love all women
Reason enough for the woman
to grab a knife
and stab
in the name of all women
the man with the capacious heart
and with him all men
to death

—

Der neue Virus
drei Meter breit
dunkelgrün
ist mollig wie ein ausgewalzter Busen
mollig aber auch mürbe
In Brusthöhe schwebend
möchten wir ihn herzen
Nicht jedem allerdings
der zu ihm hinstrebt
öffnet sich die Tür
Erst ein Obolus
von schwindelerregender Höhe
ermöglicht uns
wenn auch nur für wenige Minuten
den ersehnten
kontaminierenden Zugang
Hineinbeißen darf man gratis
die Folgen
sind bekanntlich lethal
Man läuft dunkelgrün an
breitet die Arme aus
und beißt
vorsichtshalber
ein zweitesmal zu

—

The new virus
six feet high
dark-green
is as soft and snug
as a rippling bosom
soft and snug but also gamy
As it floats by at chest height
we'd love to cuddle it
though not everyone
who reaches out to it
is entitled to touch
unless an obolus
of dizzying proportions
vouchsafes us
if just for a few minutes
the coveted
contaminating access
Biting it is free of charge
the consequences
are known to be lethal
You turn dark-green
open your arms
and
to be safe
bite a second time

—

Was immer er fühlte dachte oder tat
ob er nun schwitzte oder fror
die Hände rang oder vor Begeisterung fieberte
ob er Pfirsiche schälte
oder sich mit Adelheid der Lust ergab
stets fand er nur das eine zu sagen
ein Wort das alles umschloß
Bibliotheken ersetzte
einfach und kraftvoll
unvermutet und doch zwingend
Das Wort war Müller
Dieses Müller genügte vollauf
In die Breite zu reden
entsprach nicht seiner Art
Auf den genauen Punkt kam es an
Dieser Punkt war Müller
Schon als Kind
von der Lehrerin aufgerufen
hörte er sich mit fester Stimme Müller sagen
obwohl er Maier hieß
Im Beichtstuhl flüsterte er Müller
was ihm siebzehn Vaterunser eintrug
Daß er beim Wandern müllerte
wird uns kaum verwundern
Bald eilten die Kellner mit der Rechnung herbei
wenn er Müller rief
Inzwischen müllern sie alle
selbst Parlamentarier
benützen das Wort wie eine Keule
stehen auf
brüllen Müller

Whatever he felt thought or did
whether he sweated or froze
wrung his hands or quivered with excitement
whether he peeled peaches
or made love to Adelheid
he only ever found one thing to say
a word that said it all
made libraries redundant
simple and powerful
unexpected yet compelling
The word was Miller
This Miller summed it up
Small talk wasn't his style
Hitting the right nerve
was all that mattered
That nerve was Miller
When the register was taken at primary school
he heard himself say Miller
though his name was Şmycz
He whispered Miller
at the confessional
which earned him seventeen Our Fathers
It comes as no surprise
that he millered on hiking trips
As soon as he cried Miller
waiters were quick to appear with the bill
Now everyone's at it
even MPs miller
use the word like a cudgel
get to their feet
roar Miller

und setzen sich wieder
stolz auf das Gesagte
Da es nun so oft gesagt worden ist
erhebt sich die Frage
wozu man überhaupt noch Müller sagen soll
zumal sich einsilbige Lösungen wie Murz
oder Crv
ein reizvoller kroatischer Vorschlag
langsam in den Vordergrund schieben
Wer einen Schritt weitergehen will
könnte in ein Trappistenkloster eintreten
oder als freiwilliges Mitglied des Bundes
    sprachloser Politiker
die kommenden Jahrzehnte völliger
    Verstummung einläuten helfen
denn Glocken wird es ja wohl noch geben
    dürfen

—

and sit down again
proud of their pronouncement
Since by now
it has been said so often
the question arises
whether it needed to be said at all
considering that monosyllabic solutions
    like Murz
or Crv
a charming Croatian proposal
are gradually winning the day
Those who wish to go a step further
may contemplate becoming Trappists
or help
as voluntary members of the League
    of Mute Politicians
to ring in the imminent decades
    of speechlessness
for surely
some bells will still be around

—

Meine Herrschaften
Sie sehen hier
das noch nie Gesehene
die Kuh mit dreizehn Eutern
den Elefanten mit Schweinsrüssel
das Schaf mit Pferdegebiß
ein Dromedar auf Dackelbeinen

Geruhen
Gnädigste
ins Spiegelkabinett zu treten
Unter herzlichem Gelächter
erblicken Sie sich dortselbst
als Dackel
Milchkuh
Schäflein
Wüstenschiff
und Sau

Im Souterrain erwartet Sie sodann
unser mythologischer Hausrat
Posaunen Pferdefüße Dreizack und Lanze
dazu Schwäne in zweifacher Fertigung
zum Obendraufstehen als Lohengrin
beziehungsweise
zum Hineinschlüpfen als Zeus
Für die Damen stellen wir den Minotaurus
sowie
gleichfalls schnaubend

Ladies and gentlemen
you see here
that which has never yet been seen
a cow with thirteen udders
a sheep with horse's teeth
an elephant with a pig's snout
a dromedary with dachshund's feet

Should you deign
Milady
to enter our hall of mirrors
you shall be privileged to encounter yourself
as an emu
an Aberdeen Angus
a ship of the desert
a teeny-weeny lamb
or a pig

Stored underground
our mythological paraphernalia awaits you
trombones cloven hooves tridents and spears
not forgetting
two species of swan
one for Lohengrin to stand on
one for Zeus to slip into

For the ladies
the Minotaur
and

Grane Mein Roß bereit
Auf persönlichen Wunsch
katapultieren wir Sie abschließend
von der Dachterrasse aus
ins Jenseits

—

likewise panting
Grane mein Ross
remain on stand-by

Finally
we shall be glad to catapult you
from our roof terrace
into the beyond

—

Als die künstlichen Menschen gelernt hatten
sich wie Du und ich zu benehmen
wußten wir
daß unser Spiel verloren war
Da sitzen sie
etwas zu glatt im Gesicht
und trinken Tee
blicken einander tief in die Augen
oder krümmen sich vor Lachen
Unfehlbar
und doch mit größter Zartheit
spielen sie Klavier
reproduzieren sich diskret im Nebenzimmer
und schießen die Vögel vom Dach
während wir
Veteranen der Natürlichkeit
von den Umständen zum Äußersten getrieben
keinen anderen Ausweg sehen
als engelhaft gut zu werden
oder vielleicht doch lieber
über die Maßen böse

—

As soon as the virtual people
decided to behave like you and me
we knew
our game was up
There they sit
too sleek of face for our comfort
pour their tea
look languidly into each other's eyes
or collapse laughing
Impeccably
yet with notable refinement
they play the piano
procreate discreetly next door
and shoot the pigeons from the roof
while we
veterans of normality
see no way out
but to mutate into angels
or even better
turn horrendously evil

—

Niemals wieder
gibt es den Tod
Mit großer Mehrheit
haben wir ihn abgeschafft
Vulkane stillgelegt
Stürme in die Stratosphäre verbannt
Seuchen auf die anderen gerichtet
die Unverbesserlichen
die uns
vergeblich
nach dem Leben trachten
Gepanzert blicken wir sie an
mit lidlosen Augen

—

There won't ever be another Death
In overwhelming numbers
we abolished it
snuffing out volcanoes
banishing storms to the stratosphere
deflecting plagues onto those
who incorrigibly persist
in taking our lives
Clad in armour
we face them
with lidless eyes

—

Nur kein Aufsehen erregen
Noch nicht kalt geworden
lag die Leiche vor ihm
die Würgespuren sichtbar
unter den hundeartigen Ohren
Niemand
war in der Garderobe
Wie das Geschöpf wohl hereingekommen war
um ihm hinter seinem Mantel aufzulauern
Ein schöner Schreck
als er es schnaubend vor sich sah
halb Mensch halb Tier
in ungewohnter Mischung
weder Kentaur noch Harpyie
Schuppen Federn Zotteln zartrosa Haut
alles durcheinander
eine Nase wie ein Ameisenbär
das erste was er zu fassen bekam
drei Beine tatsächlich
zwei vorne eins als Rückenstütze
Damenbeine mit Stöckelschuhen
auch sonst einige menschliche Züge
Mund und Auge vor allem
bösartig
aber nicht ohne Lachfältchen
ein durchaus männlicher Schnurrbart
das Geschlecht des Wesens
war nicht mit Sicherheit auszumachen
darauf konnte er sich jetzt nicht einlassen
er mußte sehen daß er fortkam
bevor die anderen Satyrn
ihn vermissen würden
und Alarm schlugen

Keep calm at all costs
The still warm corpse
lay at my feet
strangulation marks
under its dog-like ears
Not a soul to be seen
How did the creature
get into the cloakroom
and hide behind my coat
The shock
when I saw him
hideously snorting
half man half beast
neither centaur nor harpy
scales feathers dreadlocks pinkish skin
a nose like an anteater
the first thing I got hold of
three legs evidently
two in front one supporting the rump
female legs with high-heeled shoes
a few other human features
mouth and eyes
malicious
but not without laughter-lines
a thoroughly male moustache
the creature's sex remained uncertain
no time to discuss that now

I'd better run for it
before the other satyrs notice my absence
and raise the alarm

—

Treten Sie uns bei
Werden Sie Menschenfresser
Diese zarten Brüstchen
und rosigen Rippenstücke
Ohrläppchen und Babyzehen
hülfen Ihnen mühelos
über die nächste Hungersnot
Die Fülle des Angebots
garantiert Sättigung auf Dauer
Dennoch bliebe man wählerisch
und fräße bevorzugt
wen man liebt
Vertrautheit mit der Materie
steigert den Nährwert
An düsteren Tagen
fressen wir unsere Widersacher
Huster Harpyien musikalische Sittenrichter
Hier winkt uns
neben der Genugtuung des Zerkleinerns
die heitere Gewißheit
Gutes zu tun
unserer Mitwelt zu Dank
Den Clubmitgliedern zuliebe
präsentieren wir uns stets
in leicht gepfeffertem Zustand

—

Join the club
be a cannibal
Those succulent breasts
rosy rib steaks
earlobes and toddlers' toes
will see you through the next famine
The sheer abundance
guarantees nourishment forever
Even so
be fastidious
and cannibalize
whenever possible
your loved ones
The right love-hate provenance
is bound to boost the nutritional value
On dismal days
aim at your outright foe
coughers harpies arbiters of musical taste
There
the pleasure of biting them to bits
will be reinforced
by the utter nobility of your deeds
the proud achievement
of gratifying your fellow citizens
no less than yourself
For the sake of your colleagues
keep yourself edible
at all times

—

Leo, Elisabeth Haas (b. 1958)

Leo

der Mann mit dem einen Auge
ist kein Riese
doch sitzt sein Auge
wie bei Riesen
mitten auf der Stirn
Wenn er weint
fließt alles aus demselben Spundloch
dafür weint er die doppelte Menge
das rinnt die Nase hinunter
und tröpfelt auf die Krawatte
Warum weint Leo
schneidet er Zwiebeln
ist er gerührt
oder lacht er Tränen
Nein er weint
weil er gerne könnte was wir können
schielen
und vor allem zwinkern
uns zuzwinkern
doppeläugig
das heißt mit einem offenen Auge
während sich das andere
zugedrückte
mit uns verbrüdert

—

Leo
the one-eyed
is no Giant
And yet his only eye
as is the way with Giants
sits right in the middle of his forehead
When he cries
everything gushes from the same outlet
To compensate for this
he weeps twice as much
until a rivulet runs down his nose
and trickles onto his tie
Why does Leo cry
Does he chop onions
Is he emotional
Or does he shed tears of laughter
No he cries
because he would like
to do what we do
squint
leer
and above all
wink
at us twin-eyed
i.e. keeping one eye open
while the other
shut one
fraternizes

—

Klein von Wuchs
wie es sich für Genies gehört
aufrecht
mit hochgerecktem Hals
sein Körper aufschnellend beim Gehen
elastisch hüpfend
wenn Erleuchtungen ihn heimsuchten
verändert finden wir ihn heute
hinkend
sogleich hinken wir ebenfalls
wer möchte dahineilen
wenn ein Genie lahmt
Aber weit gefehlt
er zürnt uns deshalb
fühlt sich verhöhnt
als wäre es ein Buckel
den wir
schadenfroh
mit Hilfe eines Kissens unterm Hemdrücken
dem Gelächter preisgäben
Dabei geriet er bloß ans Sesselbein
der große Mann
mit seiner nackten
nunmehr blaugefärbten Zehe
ein nur allzu begreifliches Mißgeschick
ein entwürdigender Vorfall gleichwohl
den er uns
schwerlich verzeihen wird

—

Small of stature
as befits a genius
upright
with elongated neck
body bouncing as he walks
if not skipping
when gripped by inspiration
how different we find him today
limping
Thus
we start limping ourselves
who would dare rush
when a genius hobbles
But far from it
he chides us
feels derided
as if we'd expose a hunchback to ridicule
by maliciously stuffing a pillow
into the back of our shirt
In truth
he merely knocked against a chair
the great man
with his naked
subsequently lilac toe
an all too plausible mishap
a degrading incident nevertheless
he'll never forgive us

—

Ein Religionsstifter (Gott ist eine Kugel)
ein auf seinen Händen turnender Familienvater
mehrere rabiate Mütter
ein Clown
ein Nichtstuer ohne innere Bedeutung
eine Susanna oder Fiordiligi
ein Lachforscher
ein verkanntes Genie (naiv aber ironisch)
ein Anarchist (der sogenannte Tortenwerfer)
eine Duse
ein Trappist
ein Zwitter
zwei Idioten
eine in fünf Sprachen zugleich lallende
    Dichterin der ekstatischen Schule
ein kosmischer Bastler
eine Vestalin
eine Messalina
ein Hofzwerg
eine Samariterin (bedürftige Herren stützend)
ein Fabelwesen (halb Affe halb Engel)

meine ungeborenen Kinder

—

A founder of a religion (God is a sphere)
a paterfamilias walking on his hands
several frenetic mothers
a clown
an idler without inner significance
a Susanna or Fiordiligi
a ridologist
an unrecognized genius (naive but ironic)
an anarchist (aka the custard-pie thrower)
an Eleonora Duse
a Trappist monk
an hermaphrodite
two idiots
a poetess of the ecstatic school blathering
    in five languages
a cosmic tinker
a Vestal Virgin
a Messalina
a court dwarf
a Samaritan woman (succouring gentlemen
    in need)
a mythological creature (half ape half angel)

my unborn children

—

Untitled, Max Neumann (b. 1949)

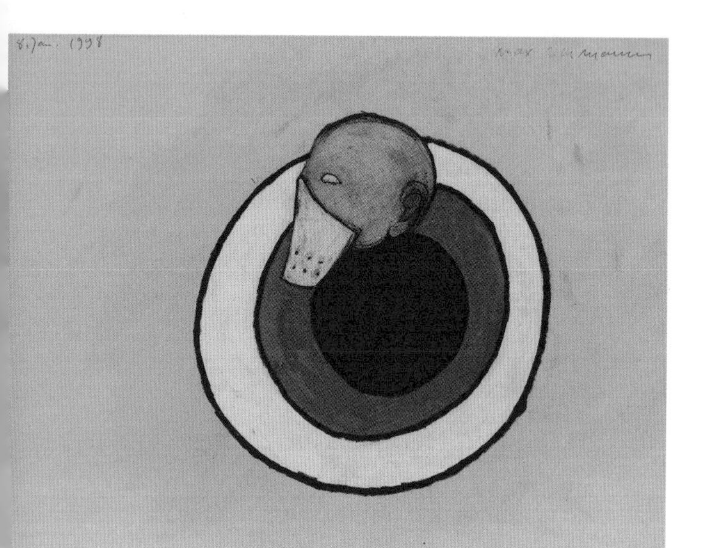
8. Jan. 1998

Da Gott
dem Ratschluss unserer Vernunft gemäß
eine Kugel sein muß
wollen wir
IHM nachstrebend
gleichfalls Kugeln sein
Wir beginnen damit
uns innerlich zu ründen
jenen Mittelpunkt in uns anvisierend
in dem alle Widersprüche sich verflüchtigen
Sodann erhöhen wir die Anzahl unserer
    Mahlzeiten
auf täglich sieben
Drittens ziehen wir
in der Art der Frösche
die Beine an
und umschlingen sie mit den Armen
wobei wir Knie und Ellenbogen
energisch in den Leib drücken
Die Kenntnis der retrospektiven Atmung
versetzt uns viertens in die Lage
knochige Körperregionen
mit Luft aufzufüllen
Ballonähnlich geründet
sehen wir uns bereits im Geiste
vollrund dahingleiten
wäre da nicht das Gewächs des Kopfes
das als letzte Hürde zu beseitigen
uns fünftens bevorsteht
Mit eingezogenem Hals
suchen wir ihn den Blicken zu entziehen
es sei denn

Since God
according to common sense
must be a sphere
we wish
emulating Him
to become spheres as well
We begin
by making ourselves internally round
aiming at that centre
where all contradictions evaporate
We then increase
the number of our daily meals to seven
Thirdly
we draw up our legs
in the manner of frogs
and twine our arms around them
energetically pressing knees and elbows
against our body
The technique of retrospective breathing
permits us fourthly
to fill
the bony regions of our body
with air
Rounded like a balloon
we see ourselves in our mind's eye
float rotund away
were it not for that obstacle
the head
which fifthly
it is our duty to remove
With our neck pulled in
we strive to make it disappear

wir entschlössen uns
den hinderlichen Auswuchs
zwischen den Schenkeln zu verbergen
Bereits ein kleiner innerer Anstoß
setzt uns nun in Bewegung
Etwas holprig noch
rollen wir dahin
in der Hoffnung
uns zunehmend glattzukugeln

—

unless we attempt
to hide the excrescence
between our thighs
A small inner impulse
will now be sufficient
to set us in motion
Still somewhat bumpily
we roll ahead
hoping
eventually
to smooth out

—

Sie sind doch Woody Allen
sagt plötzlich jemand neben mir
eine Frau mit einem krummen Zahn

Nicht daß ich wüßte
sage ich
und mache mich unwillkürlich etwas kleiner
Mein Name ist Karl der Große

Unsinn sagt die Frau
und schiebt sich immer näher an mich heran
Mir machen Sie nichts vor

Also wenn Sie meinen
sage ich
und fühle wie ich weiterschrumpfe

bis ich so klein bin
daß sie mich
samt meiner Klarinette
in ihrer Einkaufstasche davonträgt

—

You're Woody Allen
said someone next to me
a woman with a crooked tooth

Not that I am aware of
I replied
and made myself a little smaller
My name is Attila the Hun

Nonsense
said the woman
coming closer and closer
You can't fool ME

If you say so
I said
and felt myself shrink further

until I had shrunk so much
that she carried me away
me and my clarinet
inside her shopping bag

—

Ich war einmal
kein Wunderkind
bin es aber
hartnäckig wie ich bin
doch noch geworden
Anstrengend war das
hochzukommen
zugleich sich klein zu halten
unter einssechzig
damit der Matrosenanzug noch paßte
Kürzlich
es war an meinem 97. Geburtstag
schrieb das Bieler Volksblatt
Er spielt
wir sagen es mit leuchtenden Augen
wie ein Zehnjähriger

Es hatte sich gelohnt

—

Once upon a time
I was no wunderkind
Due to my obstinacy
though
I became one later
No easy task
stretching yourself
yet remaining under five foot six
for the sailor-suit still to fit
Recently
it was on my 97th birthday
the Ham and High wrote
he performs
we are pleased to report
like a ten-year old

I'd say
it was worth it

—

Mein Zwillingsbruder
wenn ich einen hätte
eineiig
oder einen Doppelgänger
zum Verwechseln ähnlich
mein Zwilling oder Doppelgänger also
könnte mir das Leben erleichtern
als Stuntman in schwierigen Situationen
vor den Fernsehkameras souverän scherzend
Luftzüge mannhaft ertragend
Bücher schleppend kochend
Klavier übend
Dafür dürfte er
Applaus entgegennehmen
Titel Orden Medaillen einheimsen
auf der Straße erkannt werden
mit Damen schäkern
schüchtern lächeln
oder gesunden Optimismus ausstrahlen
Allerdings
müßte man ihn bei Laune halten
er könnte sonst
auf falsche Gedanken kommen
meine Socken stehlen
mein Konto überziehen
Geheimnisse ausplaudern
oder gar
Beethoven-Sonaten spielen
das wäre ja noch schöner
da müßte ja unsereiner
sofort
einpacken und zusperren

—

My twin
if I had one
identical
or a doppelgänger
confusingly alike
        my twin or mirror image
could make life easier for me
joking on TV
putting up with draughts
lugging books about
cooking
practising
        In exchange
he could acknowledge applause
reap rewards titles decorations
be recognized in the street
charm ladies
smile coyly
or exude optimism
        One would need
to keep him happy though
lest he steal my socks
overdraw my account
blurt out my secrets
or even
        try his hands at Beethoven sonatas
Heaven forbid
he might even
drive people like me
        out of business

—

Sebald, Elisabeth Haas (b. 1958)

ANIMALS AND CHARACTERS

TIERE UND TYPEN

Bevor ich meine Bekannten besuche
Menschen namens Brezel
tierliebe Leute
trinke ich mir immer erst Mut an
Zögernd trete ich ein
da sitzt ein Hund
mit erhobenem Schwanz
Vorsichtig gleite ich an ihm vorbei in die Stube
dort lauert schon der nächste
und fährt mir
mit seiner von Bakterien bevölkerten Zunge
lustvoll übers Gesicht
Im Badezimmer
wohnt eine Hundemutter
deren Welpen sich
säuerlich riechend
auf meinen Schuhen breitmachen
Beim Kaffee
springt mir ein kleiner
aber strammer
Mops auf den Schoß
Im Garten dann
eilt etwas Riesiges herbei
ein Bernhardiner
und wirft mich begeistert auf den Rasen
Zum Abschied
werde ich vom Hausherrn gebissen
hoffentlich hat er nicht die Tollwut
Ich sage dankeschön
und entferne mich rücklings
Bis zur Kreuzung noch
bellt er mir nach

—

Before I visit the Bagels
nice acquaintances of mine
animal lovers
I'm always ready for a drink
Gingerly
I step inside
There sits a dog
tail in the air
staring at me
I sidle past him into the lounge
where the next one's lurking
ready to run its bacteria-infested tongue
over my face
In the bathroom
squats a bitch
whose sour-smelling whelps
crawl all over my shoes
At coffee
a small but tough pug
jumps onto my lap
In the garden
something huge takes aim at me
a St Bernard
and gleefully knocks me into the roses
As I take my leave
I'm bitten by Mr Bagel
Let's hope he doesn't have rabies
I say God bless
retreating backwards
Right up to the crossroads
I hear him barking after me

—

Ein Wunsch
beschloß sich zu erfüllen
Dazu war es aber zunächst nötig
zur Möglichkeit zu werden
Wie es soweit kam blieb unklar
Wünsche kennen ja keine Grenzen
aber das Mögliche
gehorcht strengen Gesetzen
ist überprüfbar
und keineswegs utopisch
Der genaue Moment der Erfüllung
blieb Gegenstand eines Gelehrtenstreits
Jedenfalls stellten damals
kategorisch und für immer
sämtliche Hunde das Bellen ein
Vorteile dieser Mutation
traten bald zutage
Die derart eingetretene Stille
senkte den Blutdruck
das frühkindliche Trauma
verschwand aus den Statistiken
und alte Feinde
schüttelten sich die Hand
Wer sich ebenfalls freute
waren die Einbrecher
aber sie freuten sich zu früh
denn sie wurden nun von den Hunden
ohne weiteres gebissen
Leider bissen die Hunde
in der Folge auch Familienmitglieder
und machten selbst vor dem großen Guru
Grammaswami

A wish decided to fulfil itself
To achieve this
however
it needed to become a possibility
How this was accomplished
remained unclear
Wishes
after all
respect no boundaries
whereas the possible
obeys strict rules
is verifiable
and by no means utopian
In any case
all dogs
at that very instant
categorically and for ever
stopped barking
Advantages of such a mutation
soon became evident
The recently achieved silence
lowered blood pressure
early childhood traumas vanished
and old enemies shook hands
Burglars also rejoiced
but they did so too soon
because they were now bitten at once
Regrettably
the dogs started biting family members as well
and even didn't hesitate
to sink their teeth into Grammaswami
the greatest of gurus

nicht halt
Der Tierschutzverein marschierte auf
was wiederum die Menschenschützer
auf die Barrikaden trieb
Schließlich bissen auch die Menschen wild
um sich
was blieb ihnen anderes übrig
jeder biß jeden
und die Welt war wieder logisch und
überschaubar

The Society for the Protection of Animals
took to the streets
an event that
in turn
mobilized the Protectors of Mankind
In the end
people also joined in
biting savagely and at random
in all directions
Everyone bit everyone
and the world returned
to a state of logic and lucidity

—

Als die alte Dame
das Huhn zum erstenmal mit ins Bett nahm
dachte sie sich nichts Besonderes dabei

Es war kühler geworden
und das Huhn
von Natur aus freundlich
kroch unter die Decke

Eigentlich sah die alte Dame aus wie ein Huhn
Wie Hühner sprach sie ihre Sätze nie zu Ende
scharrte mit den Füßen
oder brütete vor sich hin

Nur eines ahnte sie nicht
Das Huhn
das neben ihr im Bett lag
war ein lebhaftes Huhn
gackerte im Schlaf
flog im Zimmer herum wenn es träumte
ängstlich flatternd
und rupfte sich dabei ein paar Federn aus
Dann plumpste es wieder aufs Bett zurück
kletterte auf ein Kissen
und legte ein Ei

When the old lady
first took the chicken to bed with her
she didn't give it a second thought

It was chilly outside
and the chicken
friendly by nature
slipped between the sheets

Actually
the old lady resembled a chicken
Like many chickens
she failed to finish sentences
shuffled her feet
and brooded

There was just one thing
the old lady couldn't foresee
The chicken next to her
was a sprightly chicken
cackled in its sleep
flew about the room when it dreamed
fluttered anxiously
while plucking out a few of its feathers
All of a sudden
it thudded onto the bed
climbed a pillow
and laid an egg

Nach getaner Arbeit schnarchte es
wie nur Hühner schnarchen
die mit sich zufrieden sind

Im Morgengrauen
krähte die alte Dame
nett wie sie war
damit das Huhn sich wie zu Hause fühlte

Neuerdings
sieht man sie beide
auf dem Hühnerhof
mit ruckartigen Bewegungen des Kopfes
ihre Körner picken
oder vor dem Hahn
laut schreiend
davonlaufen

—

Having accomplished this task
it snored
as only chickens can
when they are pleased with themselves

At dawn
accommodating as she was
the old lady crowed
to make the chicken feel at home

Since Sunday
you can see them both
pecking their corn among the poultry
jerkily moving their heads
or running away from the rooster
screaming

—

Es fühlte die Maus
daß jenseits der Mäusewelt
eine andere
höhere
tiefere
innere
Wirklichkeit
alles Nagende
Pfeifende
Katzigemäusige
überragte
wie ein einziger unermeßlicher Käse
anbetungswürdig
gelblich
mit schönen Löchern
über jeden Zweifel erhaben

The mouse felt
that beyond the world of mice
another
higher
deeper
inner
reality
transcended
all gnawing
squeaking
nibbling
ways of the world
like one colossal cheese
awesome
yellowish
with lovely holes
irrefutably sublime

—

Stuffed Baby Crocodile, New Orleans

Als der Großwildjäger
zur Freude des Krokodils
in den Fluß gefallen war
erwog dieses
aus welcher Freßrichtung
der dicke Mann
am besten zu verspeisen sei
fußaufwärts
kopfabwärts
baucheinwärts
Oder sollte man vielleicht
um den Magen zu schonen
erst die Zehen einzeln genießen
und sich dann
gründlich kauend
bis zu den Ohren hocharbeiten
Der Gefahr des Sodbrennens
wäre durch Einspeicheln zu begegnen
das Schießgewehr
aus Verdauungsgründen
ins Flußbett abzustoßen

Während das Krokodil
solchen Gedanken nachhing
schwamm der Großwildjäger
entschlossen ans rettende Ufer
wo ihn
die Hand sträubt sich es niederzuschreiben
ein Löwe gefressen hat

—

After the big-game hunter
had delighted the crocodile
by falling into the river
the crocodile pondered
at which angle
the fleshy man
might best be consumed
feet-upwards
head-downwards
belly-inwards
Or should one rather
to spare one's stomach
first savour the toes
before
bit by bit
picking one's way
towards the ears
Heartburn
could be countered
by sufficient salivation
his rifle deposited
for digestion's sake
on the river-bed
While the crocodile pursued these thoughts
the big-game hunter
with resolute strokes
had reached the river-bank
where
I'm sorry to say
he was eaten by a lion

—

Der Affe
der sich jedes Jahr zu Weihnachten
bei uns nützlich machte
er gehörte schon fast zur Familie
Im Zweireiher kam er an
legte Holzscheite auf den Kamin
schmückte den Weihnachtsbaum
trug Speisen auf
auch singen hatte er gelernt
Stille Nacht sang er mit Gefühl
Nur beim Lachen
war er seiner Sache nicht sicher
in den feierlichsten Momenten
fing er an zu meckern
oder keckern
bis ihn ein erstaunter Blick meiner Mutter traf
dann griff er schnell nach der
Champagnerflasche
und schenkte die Gläser voll
Am zweiten Feiertag
holte ihn wie immer der Wärter
Gerührt umarmten wir uns
bevor er mit Stock und Hut
im Wagen Platz nahm
ein gepflegter Passagier
ein guter Affe
den nachzuäffen
uns die Mutter auftrug

—

The monkey
who made himself useful
each Christmas
had almost become part of our family
Year after year
he'd arrive in a dinner jacket
put logs on the fire
decorate the Christmas tree
wait on us at meals
even manage to sing
Silent Night he sang with feeling
Only when laughing
was he prone to lose control
during moments of elation
he'd start to bleat
or cackle
until my mother raised an eyebrow
whereupon he quickly seized a bottle
of champagne
and filled up the glasses
On Boxing Day
his keeper came as usual to collect him
Affectionately
we embraced each other
before
sporting hat and stick
he went to sit in the car
a good monkey
whom our mother urged us to ape

—

Ein Schaf sprach zu mir
Du bist zwar nicht so schön wie ich
so wollig
kräuselig
deine Stimme
berührt nicht das Herz
deine Rede
übermittelt nicht
aphoristisch das Wesentliche
du rennst dem Hammel nicht nach
bist weder friedfertig noch naturliebend
niest im Sommer
und verschwindest beim leisesten Tröpfeln
unter dem Regenschirm

und doch gehörst du zu uns
auch schwarze Schafe tun dies
Unter deinem Wolfspelz
verbirgt sich etwas Mildes Rundliches
    Schutzbedürftiges
ich grüße dich
Lämmlein auf der Schlachtbank

Beee Bö Bäh
sagte ich

—

A sheep
addressed me as follows
True
you do not have my looks
my wool my curls
your voice
does not pierce the heart
your speech
fails to convey the essential
you do not run after rams
you love neither peace nor nature
sneeze in July
and disappear
at the slightest trickle of rain
beneath your umbrella

And yet
you remain one of us
Even black sheep do
Beneath your wolf's clothing
something frail and gentle
begs for protection
I salute you
little lamb at the shambles

Baaaah
I said

—

Als es erwachte
lag das Kamel auf dem Rücken
    Das soll wohl ein Scherz sein
    Wann
    so frage ich Sie
    hat ein Kamel
    sich jemals schon
    auf den Rücken gelegt
Sie haben es erraten
Die Höcker waren weg
Stehend
äugte es hinter sich
nichts wogte dort
nur sein Selbstverständnis wankte
Ohne Wülste
wo gehörte man da hin
war man da
noch Kamel
oder bereits Pferd
Seinen Auftritt in Aida
konnte es jedenfalls vergessen
es sei denn
sie banden ihm zwei Säcke obenauf
Vielleicht verdingte es sich als Roß
sattelte um auf Die Walküre

Waking
I found myself on my back
          Surely not
          When
          let me ask you
          did a camel
          ever adopt a supine position
You've guessed it
the humps had gone

Standing up
I turned my head
Nothing undulated there
only my self-possession wavered
Where
without bulges
did one belong
Did one still pass for a camel
or had one degenerated into a horse
No chance now of a job in *Aida*
unless they fastened rucksacks to my back
Maybe I could hire myself out as a steed
resaddle for The Valkyrie
a fat woman astride me
If nothing else worked out

ein dickes Weib auf dem Rücken
Wenn nichts mehr ging
blieb immer noch das Nadelöhr
Eine schwierige Nummer wäre das allerdings
Da müßte man ausgiebig fasten
dünner und flacher werden
und den linken Fuß in der Luft zwirbeln
damit er beim Einfädeln
die Öffnung nicht verfehlte

—

there was always the needle's eye
a demanding act
for which one had to fast forever
get thinner and flatter
and twirl the left foot for threading

—

Da plagt man sich ab
ringt um Sinngebung
putzt sich dreimal täglich die Zähne
übt Skalen
turnt den sogenannten Gorilla
frei nach Feldenkrais
rettet mit eigener Hand
sieben Kinder und einen Polizisten
aus den reißenden Fluten
legt sich flach auf die Straße
für den Frieden
spendet Blut

Und das ist nun der Lohn
Ich nehme ihn jetzt
Ihren Botokudenorden
und schleudere ihn auf den Boden
ich sanfter Mensch
trample darauf herum
damit Sie wissen
was ein Botokude ist
reiße das Seidenband in Stücke
schlage Ihnen das Blattgold um die Ohren
Rühren Sie mich nur ja nicht an
vor Ihnen steht DER GROSSE GORILLA
schwingt seine Arme
trommelt sich an die Brust
stößt heisere Schreie aus
wittert Blut

—

You slave away
strive to make sense of things
clean your teeth thrice daily
practise scales
do gymnastics
like the Feldenkrais 'Gorilla'
rescue
single-handedly
seven children and one policeman
from the torrential floods
lie flat on the road for peace
donate blood

And this is your reward
I shall now raise it aloft
your Botocoot medal
and hurl it to the ground
stamp on it
gentle creature that I am
to let you know
what a Botocoot is like
tear its silken ribbon to shreds
box your ears with the gold leaf
Don't you dare touch me
you're facing THE GREAT GORILLA
swinging his arms
drumming his chest
bellowing hoarsely
scenting blood

—

Wohl wissend
daß er
als Angehöriger seiner Gattung
per definitionem
halb Affe halb Engel sei
beschloß Sebald
seine beiden Hälften
in Zukunft
reinlich voneinander zu scheiden
ganz Affe über dem Nabel
ausschließlich Engel darunter
eine nicht alltägliche Zweistöckigkeit
die den am Gesäß angebrachten Flügelchen
das Aussehen von flatternder
zum Trocknen aufgehängter
weißer Wäsche verliehe

—

Well aware
that
as a member of his race
he was bound to be
ipso facto
half ape half angel
Sebald decided
that in future
he would neatly bisect himself
exclusively ape above the navel
entirely angel below
a hardly commonplace dispensation
that would make those winglets
joined to his derrière
appear like fluttering lingerie
hung out to dry
on the laundry line

—

Neuerdings ruft ein Schwein
ein richtiges Speckschwein
täglich bei mir an
Grunzend erzählt es mir sein Leben
wühlt
metaphorisch gesprochen
im eigenen Schlamm
Gewiß liegt es rosig da
den Hörer am Schweinsohr
die Beinchen von sich gestreckt
heutzutage haben auch Schweine ihren
    Privatanschluß
im eigenen Koben
ein fortschrittlicher Landwirt
läßt es den Tieren an nichts fehlen
Seit gestern duzt es mich
ich duze zurück
eingedenk des Schlachtmessers
und des Schinkens
Da haben wirs doch noch besser
uns fressen höchstens die Würmer
dafür können wir
Kontinente in die Luft jagen
und Klavier spielen

—

A pig
a real porker
has recently been phoning me daily
He grunts out his life
wallowing
as it were
in his own muck
There he reclines
holding the phone to his pink ear
stumpy legs in the air
these days even pigs
have a private phone in their sties
trendy farmers attend to their every need
Since yesterday he calls me his chum
I'm chummy back
mindful of the butcher's knife
and the bacon
We're better off though
worms are all that eat us
and we
in return
can explode continents
and play Rachmaninov

—

Joseph ist unser Würger
Nein er mordet uns nicht
Joseph Schmölmann hat noch keinen
umgebracht
Seine Kunst besteht darin
sich öffentlich zu übergeben
Man muß ihn gesehen haben
wie er
grün im Gesicht
den Mund aufreißt
und ein Strahl dringt
pünktlich auf die Sekunde
daraus hervor
Urlaub macht Schmölmann nie
das würfe ihn aus der Bahn
Faul sein
Dinge gutheißen
friedlich verdauen wie die Kühe
wo bliebe da der gesunde Ekel
die Stoßkraft
von der Zuverlässigkeit ganz zu schweigen
die den Berufswürger
von uns Sonntagswürgern unterschied
den Herauswürger
vom Hineinwürger
den Protestwürger
vom stillen Heimwürger
Anlässe

Joseph is our choker
No
he doesn't murder us
Joseph's never killed a soul
His art consists of
vomiting in public
Just observe
how he turns green in the face
opens his mouth
and releases
on cue
a soaring fountain
Holidays are not for Joseph
Being idle
approving things
peacefully digesting like cows
all this would throw him off balance
impair his healthy disgust
his projectile force
not to mention his dependability
that sterling quality
which distinguishes professionals
from amateurs
the releaser
from the withholder
open protest
from domestic repression
Occasions

sein Innerstes nach außen zu kehren
fanden sich zur Genüge
Militärparaden
Familientreffen
Modeschauen
Siegerehrungen
Ärgernisse wohin man blickte
Im Kasino beim Mittagsbuffet
würde er sich heute produzieren
ein politischer Akt zweifellos
der die Speisenden ihrerseits ins Würgen trieb
Bald spürte es jeder
Schmölmann würgt für uns alle
seine Auftritte sind Herzensergießungen
kunstliebend ist er obendrein
auf einem guten Teppich
nimmt er sich zusammen
Ansonsten ekelte ihn
außer Sauerkraut
aber auch wirklich alles
Erschlaffe nicht
Freund
wir hängen an deinen Lippen
bis der letzte Tropfen Galle versickert
Dann rufen wir laut da capo
küssen Dir die Hand
hauen uns auf die Schenkel
und füttern Dich mit Schweinskarbonaden

to turn himself inside out
have been plentiful indeed
military parades
family reunions
championships
fashion shows
scandals in abundance
Today
he'll perform at luncheon
in the casino
a political act without doubt
that
in turn
will cause the diners to chunder
What soon becomes clear
is
that Joseph acts for us all
While pouring out his heart
he remains a true connoisseur
on antique carpets
he controls himself
For the rest
just about everything
except sauerkraut
repulses him
Don't flag
my friend
we're glued to your lips

damit Du wieder grün anläufst
während der Saal sich mit Fotografen
    Schulklassen und Kriegsberichterstattern
    füllt
und der Ministerpräsident
vorsorglich seinen Regenschirm aufspannt
Man weiß nie wo Joseph hinzielt

—

until the last drop of bile has trickled away
We then scream encore
kiss your hand
slap our thighs
and feed you with pork chops
to make you turn green again
while the hall fills
with photographers school children
        and war correspondents
and the prime minister
opens his umbrella
One can never be sure
who he's aiming at

—

Ums
machte es
ums rums
Nicht jeder kennt die Geräusche
der alpenländischen Kröpfe
wenn sie in Wallung geraten
sei es durch den Anblick einer Sennerin
oder angesichts des bodenständigen Wahlredners
auf dessen Wort man sich verlassen darf
wenn der Tod aller Zugereisten
die Ausweisung garstiger Künstler
und die Förderung des Konsums von Alpenbutter
zur Debatte stehen
Ein ehrlicher Kropf
mochte da schon ins Zittern kommen
Eigentlich will man ja nichts
als in Ruhe gelassen werden
strammstehen dürfen
a bisserl germanisch sein
Wenn nicht bald jemand Ordnung schafft
greift man eben selbst zur Waffe
oder kitzelt lästige Adressaten
mit einer kleinen Briefbombe
die ihnen die Fingerlein verbrennen wird
rums

—

Ooms
ooms rums
Not everyone can distinguish
the sound of alpine goitres
agitated
by the sight of a cowgirl
or the appearance
of an indigenous election campaigner
whose word can implicitly be trusted
no matter
whether the death of all immigrants
the expulsion of loathsome artists
or the consumption of mountain butter
is being discussed
Hardly surprising
that an honest goitre starts to palpitate
In truth
all one wants
is to be left in peace
stand at attention
be a trifle Germanic
If order is not restored soon
we'll simply grab a gun
or tickle irksome addressees
with a cute little letter bomb
that will scorch their cute little fingers
Rums

—

Die Frage ist
welches Land
zuförderst zu befreien sei
Wir denken hier insbesondere
an Dänemark oder die Lofoten auf der einen
Neuseeland auf der anderen Seite
Daß die
diesen Staatsgebilden innewohnende
weltpolitische Bedrohung
weithin unbeachtet blieb
verdanken wir der Lethargie unserer
    Ordnungshüter
die
von Menschenfressern und geistlichen
    Unholden
über Gebühr in Anspruch genommen
sich bis heute nicht dazu verstanden haben
die Bürger der erwähnten Landstriche
aus ihrem Dämmerschlaf zu reißen
Daß wir in Zukunft
auch an den Schluchten der alpinen Schweiz
nicht achtlos vorbeieilen dürfen
bekräftigen gleichlautend
die Geheimdienste Botswanas und des Sudan
Eine Handvoll kantonaler
obschon ausschließlich romantsch sprechender
Höhlenbewohner
hat nämlich
dies dürfen wir den österreichischen Behörden
nicht länger verschweigen
seit Wochen

The question is
which country must be liberated first
We are thinking primarily
of Denmark and the Lofoten Islands on
the one hand
and New Zealand on the other
That the threat emanating from these states
in terms of global politics
has gone largely unnoticed
is due to the lethargy of our custodians of law
who
unduly concerned with cannibals and
religious maniacs
have till now failed to agree
on how the citizens of all aforementioned
countries
could be roused from their hypnogogic dreams
That we in future
should not hasten heedlessly past Alpine
ravines
has been unanimously confirmed
by the secret services of Botswana and the
Sudan
As cannot be concealed any longer
from the Austrian authorities
a handful of canton cave-dwellers
exclusively Romansch-speaking
have
for a number of weeks
been aiming their warheads
at Salzburg and Mürzzuschlag

ihre Sprengköpfe
auf Salzburg und Mürzzuschlag gerichtet
Die bereits dem unbewaffneten Auge sichtbare
Unterwanderung der Salzburger
    Felsenreitschule
durch Rotarier und Ayatollahs
wird selbst in unseren Kindergärten
nur schlotternd zur Sprache gebracht

—

The infiltration
obvious to the naked eye
of Salzburg's Felsenreitschule
by Rotarians and Ayatollahs
has nonplussed
terrified children
in our kindergartens

—

Der General ist mein Geliebter
Seine Taschen sind voller Edelsteine
wenn ich einen Goldzahn finde
verzieht er sein Gesicht

Der General ist streng aber gerecht
Zuhause übt er Geige
klopft sich auf den Fettbauch
reicht mir seine Orden zum Spielen

Der General und ich essen Austern
Manchmal plagt ihn der Hexenschuß
dann versäumt er sein Manöver
die Hexe bin ich

Der General kann vieles zugleich
Während er Geige übt
plant er den nächsten Krieg
Kenner rühmen seinen süßen Ton

—

The general is my lover
His pockets are full of jewels
when I pick out a gold tooth
he pulls a face

The general is severe yet just
At home
he plays his violin
pats his paunch
decorates me with his medals

The general and I eat oysters
Plagued by lumbago
he'd miss manoeuvres
I am the plague

The general does several things at once
While practising octaves
he plans the next war
Critics
praise his beguiling tone

—

Entgeistert
starrte er aufs Papier
Wo diese Vokabeln nur herkamen
Schleunigst mußte er das Blatt verbergen
vor Elisabeth und der Haushälterin
Im Spiegel sah er sich an
als sähe er sich zum erstenmal
obszön und böse
er mußte sich bessern
jetzt sofort
seine Züge zurechtrücken
ein neues Blatt
weiß und unschuldig
bereitlegen
Etwas Zartes sollte es diesmal sein
auch das steckte in ihm
Teetassen aus Porzellan
(damit könnte man anfangen)
dazu Mädchen in Weiß
unschuldig
wenn auch leicht angeheitert
silbernes Lachen
(sagte man das noch)
Jetzt nahm die eine schelmisch
(wenn der Ausdruck erlaubt ist)
ein Stück Zitronenkuchen
und stopfte es ihrer süßen Schwester
in den Busen
Diese
nicht faul
belud ihren Löffel mit Torte

Horrified
he stared at the sheet
Where
for Heaven's sake
did these words come from
Instantly
he had to hide them
from Elizabeth and the au pair
In the mirror
he saw himself
obscene and evil
Instantly
he had to mend his ways
at once
re-organize his features
put an empty sheet
white and virginal
on the writing table
China teacups
would make a good start
girls in white
innocent
if slightly tipsy
silvery laughter
(if that was still said)
Roguishly
(if the word is permitted)
one of the girls
took a slice of lemon meringue
and stuffed it
into her beguiling sister's bosom

und katapultierte das schokoladenbraune
Geschoß
ins Gesicht der Schelmin
(schon wieder dieses Wort)
Nun überstürzten sich die Ereignisse
Heißer Tee
ergoß sich auf die anmutigen Häupter
der jungen knospenden Schönheiten
(etwas dick aufgetragen)
bevor das Teegeschirr an die Reihe kam
Meißen 1789
von zarten Händen zerschmettert
Wie Mänaden
rissen sich die jungen Damen
(das klingt nun wirklich unangebracht)
gegenseitig die Kleider vom Leibe
gräßlich kreischend

Ein Blick in den Spiegel
es half alles nichts
dieser Mensch war er
was heißt da noch Mensch

—

whereupon she
without delay
loaded her spoon with cake
and catapulted the chocolate-brown missile
into the face of the minx
(another questionable word)
Things now got out of control
Hot tea
was poured over the heads
of our young burgeoning
if a little bloated
beauties
before the china was attacked
Meissen 1789
smashed by delicate hands
Like maenads
the young ladies
(this really sounds inappropriate)
ripped off each other's clothes
horrendously screeching

One look in the mirror
there was no way out
that human being was him
human my foot

—

Death Mask (Beethoven), Arnulf Rainer (b. 1929)

MASKS AND MUSIC

MASKE UND MUSIK

Uns gemeinsam (einer Schauspielerin)

Etwas sagen
Etwas zum Vorschein bringen

Zugleich singen und sprechen
wie in Mozarts Opern

Mit Klang oder Stimme
den Ablauf der Zeit ordnen

Körperhaft sich bewegen
in Sprache und Klang

Sich selbst nicht genügen
also Rollen spielen

dem Autor dem Text dem Stück
liebevoll kritisch zu Diensten

fürchtend
daß die Lust am Widerspruch
die Verführung der Willkür
der dogmatische Scheinwerfer der Idee
dem Meisterwerk sich aufdrängen möchte
    von außen

hoffend
daß das Wort die Töne die Aura
im glücklichsten Fall
auf uns überspràngen
den Charakter uns aufschließend von innen

To an actress and myself

Speak
Discover words and silence
sounds and silence

Organize
through sounds and silence
the flux of time

Jointly sing and speak
as in Mozart's operas

Give words and sounds
a three-dimensional ring

Extend yourself
by playing roles

Serve the text the work the author
lovingly critical

Be wary of the demons of contradiction
the sirens of wilfulness
the spotlights
trained on the work from outside

hoping
that the language the music the aura
might possess us
disclosing its essence from within

denn auch Musikstücke
sind Charaktere

Bereit in alles sich zu verwandeln
ohne sich zu verlieren

deutlich zu sein ohne Zwang
fühlend ohne Schwall

jederzeit den nächsten Augenblick zu planen
zugleich sich überraschen zu lassen

sich preiszugeben
gleichwohl zu verschwinden

—

for pieces of music
likewise offer roles

Turn into anyone and anything
without turning away from yourself

Be distinct without strain
Feel without fuss

Anticipate every moment
yet leave room for the unannounced

Surrender yourself
in order to disappear

—

Als der Schauspieler
sich in seine Rolle zu versetzen begann
fragte er sich sogleich
in welche Regionen
seines vielfach gespaltenen Ichs
sie ihn wohl entführen werde
Ein Charakter mit Widersprüchen
war das jedenfalls
schwer einzuordnen
in Farce
Weihespiel
oder Schauerdrama
Da mußte man Wandlungsfähigkeit beweisen
auf offener Bühne
innerhalb von Sekunden
die Identität wechseln
den Hut eines Zauberers aufsetzen
als Priester mit starrer Miene feierlich
schreiten
als Geist durch die Luft fliegen
dann aber wieder
als verwachsener Hofnarr Kapriolen schlagen
als Pierrot zart melancholisch schmachten
nicht zu vergessen
den Auftritt des gehörnten Ehemanns
dessen unfreiwillige Komik
diskret zu vermitteln wäre
oder des bösen Politikers
mit dem freundlichen Gesicht
Nur das Tragische blieb ihm
wie er hoffte
erspart

When the actor began to study his part
he wondered
into which regions of himself
it would lead him
He found it full of contradictions
a character difficult to confine
to comedy
farce
mystery play
or melodrama
Of course one had to be versatile
change identity at will
wear a magician's hat
strut ceremoniously as a priest
fly through the air as a spirit
but also cut capers like a jester
pine as Pierrot
and play the cuckold
whose unintentional comedy
had to be expressed with discretion
or the wicked politician with the friendly face
a task
not overly ambitious yet gratifying
Only tragedy
he hoped
would bypass him
it aimed too high
featuring monuments not people
monuments disintegrating into rubble
when struck by fate
Better stick to the ridiculous
act helpless

es griff zu hoch
präsentierte statt Menschen Monumente
in die das Schicksal wie der Blitz hineinfuhr
zerborstene Trümmer hinterlassend
Da hielt man sich lieber an das Lächerliche
spielte den Ratlosen
das hat sich bewährt
Helden werden heute ratlos gespielt
Oder man übte ein paar Herzentöne
um sich nach allen Seiten abzusichern
Am Ende wußte man nicht mehr
wo man hingehörte
im Grunde kein schlechter Zustand
man hielt sich offen
überließ alles weitere der Regie
die würde einem schon beibringen
wer man war

---

a well-tried approach
Presenting heroes helpless
was the style of the day
In addition
one practised a few heartfelt cries
just to be safe
In the end
one hardly knew where one belonged
not a bad state
come to think of it
keeping oneself open
and leaving it to the director
to tell you
who you were

—

Als er die Einladung
den Othello zu spielen
in der Hand hielt
spürte er ein leichtes Zittern
Einen Grund mußte das ja haben
Schließlich hatte er es schwarz auf weiß
An den Othello hätte er nie gedacht
Eifersucht kannte er nicht
Mohren erfüllten ihn mit Mißtrauen
Venedig haßte er
ein lautes Wort
hatte er noch nie gesprochen
Andererseits konnte man nicht nein sagen
Eine solche Chance kam nie wieder
Jutta Lampe als Desdemona
war natürlich das Feinste
und Romuald Malkovich als Jago
könnte man hinnehmen
Nun galt es sich zu beweisen
Wie man das wohl anstellte
zu brüllen
mit den Augen zu rollen
Mordlust zu entwickeln
deutlich zu flüstern
überhaupt *ganz vorne* zu sprechen
Morgen früh
während das Badewasser einlief
würde er deklamieren wie Demosthenes
obwohl er nicht stotterte
Um den Küchentisch würde er schlingern
weil Mohren schlingern
anschließend

Holding in his hand
the invitation to play Othello
he felt a slight quiver
There must be a reason for it
he thought
After all there it was in black and white
Othello wouldn't have occurred to him
He was not the jealous type
Besides
he never raised his voice
mistrusted Moors
and hated Venice
On the other hand
how could one say no
That sort of chance didn't come twice
Helena Bonham-Carter as Desdemona
was naturally a big plus
and Malkovich as Iago
one could live with
It was now a question of showing one's mettle
finding a way to shout
roll one's eyes
hide one's BBC accent
develop a murderous passion
whisper distinctly
place the words VERY FORWARD indeed
Tomorrow
first thing
he'd start while the bath was running
and declaim like Demosthenes
though he didn't have a stammer
He'd lope around the kitchen table

vor dem Spiegel
einen schwarzen Strumpf übers Gesicht ziehen
wie ein Einbrecher
(Ob schwarze Einbrecher
rosa Strümpfe benützten)
einen schwarzen Strumpf also
mit Löchern für die Augen
in denen vor allem
das Weiße herauszukehren wäre
Ein recht stumpfes Schwert
wäre zu finden
Juttas Foto
an den Spiegel zu heften
Ob die Lampe tatsächlich
rote Haare hatte
Wenn sie so vor einem dastand
das zarte Wesen
oder kniete
betend
konnte man dann
als nobler Mensch
brutal
wegen eines Taschentuchs
das Messer in sie hineinrennen
wenn auch nur scheinbar
Natürlich würde es Neider geben
seine Kollegen in der Firma
aber auch Bruno Ganz Holtzmann
oder diesen Brandauer
Denen mußte er es zeigen
Da gab es kein Zurück
Er würde rasen

because that's how Moors moved
and afterwards
in front of the mirror
pull a black stocking over his face
just like a burglar
Would black burglars
use pink stockings
OK then a black stocking
with holes for the eyes
in which to highlight the whites
A blunt sword
would have to be found
and Helena's photo
stuck on the mirror
With the gentle creature
standing there before you
or kneeling
praying
could you bring yourself
noble as you are
to run her through
because of a handkerchief
with a blade
even if not for real
Of course people would be jealous
his colleagues at the office
not to mention
Hopkins and Branagh & Co
But he'd show them
There was no turning back
He would go mad
as no Olivier had e'er gone mad

wie Holtzmann noch nie gerast hatte
und zugleich so edel sein
daß Bruno Ganz ihn
als Bruder in die Arme schlösse
Mit den Nasenflügeln würde er vibrieren
wie weder Brandauer noch Malkovich
je zu vibrieren wußten
Jutta Lampe würde er Rosen schicken
täglich zweimal
das war noch das mindeste
wenn man jemand ständig umbrachte
Seine bessere Hälfte würde staunen
wenn er sie
heute abend
probeweise
mit einem Kissen erstickte

—

and all the while so noble
that Hopkins would be sure
to clasp him as a brother in his arms
His fine nostrils would flare
as neither Branagh, nay, nor Malkovich
might ever counterfeit
Roses would he send to fair Helena
twice a day
the least one could do
for killing her incessantly
His better half would be amazed
when
at bedtime
he practised on her
with a pillow

—

Wenn ich ins Theater gehe
in so'n Gruselstück
mit Morden Totenschädeln Gespenst und
Wasserleiche
dann frage ich mich am Ende
was soll das Ganze
was geht mich Dänemark an
warum spielt dieser Prinz verrückt
wozu der Klapperkönig
der es mit seinen drei Töchtern treibt
oder war es die blinde Mutter
Da lob ich mir die Tippse mit dem
Schlüsselloch
oder das mit dem Esel und der Fee
auch die Hexen fand ich nicht übel
und Hofnarr
ist sowieso lustig

—

When I go to the theatre
to see some horror play
with murders skulls ghosts and drowned
women
I ask myself
while the curtain falls
what's the point of it all
what's Denmark got to do with me
why does this prince act mad
why this doddery old king
who has it off with his three daughters
or was it the blind mother
Give me the story any day
of the typist with the keyhole
or the donkey and the fairy
The witches weren't bad either
and Fool
is always funny

—

Die Entdeckung des Gegenteils
hat bereits das Paradies
in Unordnung gebracht
Auf den Brettern unserer Theater
praktiziert man sie täglich
Zwischen Bierflaschen und nackten
Frauenleibern
wälzt im Verlies sich Florestan
Von Leporello geschoben
zieht Don Giovanni im Rollstuhl durch Spanien
Ein weißhäutiger Othello
mordet die schwarze Desdemona
Was bliebe uns
in dieser Bedrängnis
besseres zu tun
als gleich selbst
mit dem Gegenteil dessen
was wir zu sagen wünschen
aufzuwarten
den Verfechtern des szenischen Widerspruchs
solcherart den Anreiz bietend
ohne Gesichtsverlust
wenn auch nicht in voller paradiesischer
Unschuld
das Gegenteil des Gegenteils zu tun

—

The discovery of opposites
has already rocked Paradise
On our stages
it has become a daily occurrence
Surrounded by naked women and beer cans
Florestan delights in his dungeon
Pushed by Leporello
Don Giovanni travels Spain in a wheelchair
A pink-skinned Othello
murders black Desdemona
In the face of such calamity
what else can we do
but pronounce right away
the opposite of what we wish to say
thus giving directors a chance
to perpetrate
without any loss of face
if not in pristine innocence
the opposite's opposite

—

Wie sie das wohl fertigbringen
Abend für Abend
ohne jeden Anschein der Ermüdung
ja mit zur Schau gestelltem Eifer
einer Tätigkeit nachzugehen
die sonst eher zu Hause abgewickelt wird
nämlich
sich auf offener Bühne zu lieben
vom Publikum geschmäht oder angefeuert
vom Autor des Stücks sorgfältig überwacht
wobei der Dialog nicht vergessen sei
den er den Akteuren zusätzlich aufbürdet
ein glänzender dramaturgischer Einfall
übrigens
dieses Zwiegespräch über das Numinose
von den Darstellern
mit kühler Sicherheit bewältigt
Schier unglaublich
wie hier
achtmal in der Woche
Samstagnachmittage miteingerechnet
der Beweis erbracht wird
daß man
im Gewühl der Sinne
zugleich auch räsonierend
und mit aller gebotenen Klarheit
außer sich geraten kann

—

Quite an achievement
evening after evening
to pursue on stage
undaunted
without a trace of fatigue
if not with downright zeal
an activity
which most of us would rather keep private
namely
making love
both reviled and spurred on by the public
painstakingly supervised by the author
who
on top of it all
has entrusted the lovers with the burden
of dialogue
a stunning coup de théâtre it has to be said
this discourse about the supernatural
delivered by the actors with calm assurance

Well-nigh incredible
how here
eight times a week
Saturday afternoons included
evidence is furnished
that
at the height of passion
reasoning of the appropriate clarity
can help you
blow your mind

—

Wer versorgt uns mit dem fehlenden
dem allerletzten
vierten oder siebten Akt
worin Tristan und Isolde
skeptisch geworden
eine Vernunftehe eingehen
Lulu als Vestalin wiederaufersteht
und Sarastro der Königin der Nacht
seine drei priesterlichen Akkorde
zur Verfügung stellt

Wer beschert uns den Akt aller Akte
darin Norma
einem Katarrh vorgreifend
flüsternd die Bühne betritt
Don Giovanni
seine Sünden unter lauter Weihnachtsengeln
im Himmel abbüßt
und Florestan
der neue Usurpator
Leonore in den Kerker stürzt

Wer beglückt uns mit dem langersehnten
dem endgültigen Finale
das die Vollendung noch vollendeter macht
die Unordnung wiederherstellt
Walther von Stolzing als Dilettanten verjagt
und Konstanze in ein Huhn verwandelt
das sich
aufgeregt gackernd
hinter dem Serail davonmacht

—

Who will provide us with the missing
final
fourth or seventh Act
in which Tristan and Isolde
sceptics at last
enter into a marriage of convenience
Lulu is resurrected as Vestal Virgin
and Sarastro hands over his three sacerdotal
chords
to the Queen of Night

Who will offer us the Act to end all Acts
in which Norma
with laryngitis looming
graces the stage as a mute apparition
Don Giovanni
atones for his sins among Christmas angels
in heaven
and Florestan
the cruel usurper
throws Leonore into the dungeon

Who will bestow on us the longed-for
the ultimate finale
that renders perfection more perfect
restores disorder
puts toy trumpets in the mouths of
Valhalla's Gods
and transforms Constanze into a hen
who
clucking ferociously
makes off behind the Seraglio

—

Daß man Klaviere
nicht nur kochen
sondern auch räuchern kann
hat erst kürzlich
ein purer Zufall
ans Licht gebracht
Ein Kellerbrand
im lokalen Klavierhaus
förderte überraschend zutage
daß geräucherte Flügel
nobler klingen als gekochte
In riesigen Kaminen
hängen sie nun
die musikalischen Freudenspender
wie schwarze Schinken
bevor sie
rauchgrau und würzig
den Kenner zufriedenstellen
Von der Gepflogenheit
Flügel
je nach Geschmack und Neigung
hart- oder weichzukochen
als seien sie Eier
will die Firma Bösenstein
in Zukunft Abstand nehmen

—

That pianos
should not merely be cooked
but also smoked
has recently been discovered
by pure chance
A fire in the local piano store
surprisingly revealed
that smoked pianos
sound nobler than cooked ones
In huge fireplaces
they now hang
those dispensers of musical delight
like blackened hams
before
smokey-grey and spicy
they satisfy the cognoscenti
Henceforth
the famous house of Bösenstein
will refrain
from boiling pianos hard or soft
according to taste

—

Daß er der Größte war
daran zweifeln wir nicht
Keiner hatte je das Glück
seinem Spiel zu lauschen
Dennoch bleibt er uns allen
der Maßstab
Dort oben steht er
sein eigenes Denkmal
Aus seinem Kopf wuchert der Lorbeer
durch die wundertätigen Finger
schießen Veilchen und Löwenzahn
Seine abgespreizten Hände zu küssen
versammeln sich täglich
Trostbedürftige von weither
Auf langen Leitern
kriechen sie an ihm empor
seinen Daumen zu erhaschen
ihn vor allem
der
blankgeküßt
in der Sonne glänzt
ein Lämpchen der Verheißung allen jenen
die beim Klettern nicht
von Schwindel erfaßt
in die Büsche stürzen
Auch der kleine Finger
wird heftig begehrt
Eilige
nehmen ihn für die ganze Hand
Versuche
ihn abzubeißen
beschädigen lediglich die Zähne

That he was the greatest
there could be no doubt
No one ever
had the good fortune to hear him play
yet he remains for us all
the touchstone
There he stands aloof
aloft
a monument to himself
Laurel sprouts from his head
violets and dandelions shoot
through his miracle-working fingers
Those in need of consolation
journey each day from afar
to kiss his outstretched hands
clambering up long ladders
to seize his priceless thumb
which
polished by kisses
glistens in the sun
a beacon of promise to all those
who
while ascending
were not seized by vertigo
plummeting into the bushes below
His little finger too
is most keenly desired
The impatient
take it for the whole hand
Attempts to bite it off
merely damage the teeth
Like all the other fingers

Wie alle übrigen Finger
ist auch dieser aus Stahl
Mit einem Vergißmeinnicht im Maul
treten wir den Heimweg an
Nie zuvor
sind uns schnelle Oktaven
so fehlerlos gelungen

—

this too is made of steel
A forget-me-not between the lips
we start our journey home
Never before
did rapid octaves
ooze from the wrist
with such perfection

—

Als Christo die drei Tenöre verpackt hatte
senkte sich über die Kulturlandschaft ein
unnatürliches Schweigen
Kaum hörbar durchdrangen ein paar flehende
Töne
in den Höhenregionen der Kopfstimme
angesiedelt
das Sackleinen
von Opernliebhabern am Fuße der Scala
halb entsetzt halb schadenfroh registriert
wobei die Herkunft eines vereinzelten
markerschütternden Spitzentons
der Umstände wegen im Dunkel blieb

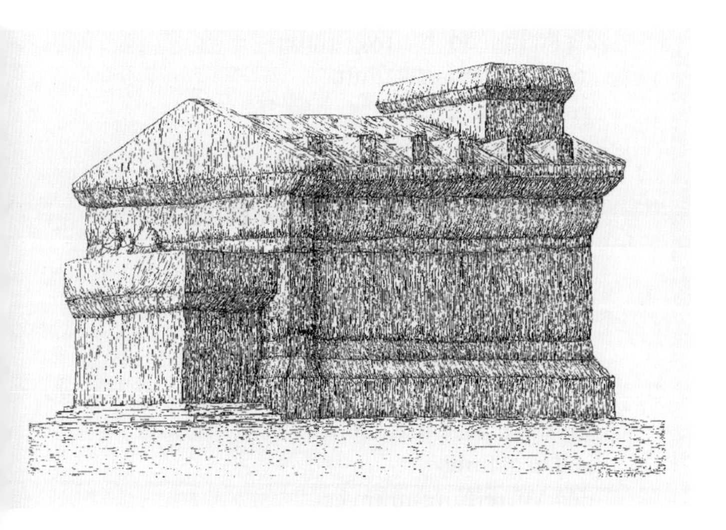

Three Tenors, Luis Murschetz (b. 1936)

When Christo had wrapped the Three Tenors
on the balcony of La Scala
the civilised world fell unnaturally silent
Falsetto supplications
barely audible through the sack-cloth
were registered
in horror and glee
by opera-lovers attending the spectacle
but where that desperate ear-splitting top-note
    issued from
remained uncertain
It may however be assumed
to have come from the middle

Es steht jedoch zu vermuten
daß die eben erwähnte
zu Herzen gehende
hohe Gesangsnote
der mittleren und beleibteren der drei
    Berühmtheiten zu verdanken war
deren mumienartiger Umriß
vorübergehend ins Wanken geriet
während zugleich
der Abgesandte des freiesten Landes der Welt
ein Protestschreiben seiner Regierung verlesend
für die hier stattfindende Beeinträchtigung
ja Knebelung
des Mitteilungsdranges
harte Worte fand
Als nächstes Reiseziel
wäre die bevorstehende Verpackung
    Robert Wilsons und Peter Sellars'
auf halber Höhe des Kölner Doms
in graues Plastik
von allen Opernfreunden
ins Auge zu fassen

—

and more voluminous
of the celebrities
whose mummified contour
began to quiver
while
at his feet
an envoy from the world's freest country
voiced his concern about such curbing
if not gagging
of human communication
Opera-buffs will be pleased to learn
that the wrapping
in grey plastic
of Robert Wilson and Peter Sellars
halfway up Cologne Cathedral
has been confirmed
and will commence
in due course

—

Daß man Seufzer
im Beisein anderer
freundlicherweise für sich behalten möge
ist uns spätestens seit den Stoikern bekannt
Ausgerechnet die Musik hat sich
wie die Experten uns versichern
eine Zeitlang dieser Anstandsregel widersetzt
und das Seufzen
in den Mittelpunkt ihrer Bestrebungen gerückt
Man dürfe nie vergessen
daß wir uns in einem Jammertal befänden
dessen Weh und Ach
in Gestalt von Zweinotengrüppchen
auf das inständigste
zu artikulieren sei
Einzig gewisse Tasteninstrumente
stellten sich in ihrer Sprödigkeit
den Erfordernissen der Stunde entgegen
bis Cristófori
der Not gehorchend
das Jammerklavier erfand
Der Tränenbäche des empfindsamen Spielers
war daran
durch eine unterhalb der Tasten angebrachte
    Regenrinne
Rechnung getragen
Nach einer Präsentation des Jammerflügels in
    Weimar
entfuhr Goethe der Satz

Since the stoics
if not before
it has been common knowledge
that sighs
in the presence of a third party
should be graciously stifled
As experts never tire of telling us
music
of all the arts
temporarily succeeded
in ignoring such calls for decency
and elevated sighing
to the apex of its priorities
One must never forget
so they tell us
that mankind wallows in a vale of tears
crying out for the most fervent articulation
of its weeping and wailing
in two-note groups
Only certain brittle keyboard instruments
defied the requirement of the hour
until Cristofori
yielding to public demand
turned the pianoforte
to facilitate proper sighing
into a fortepiano
A pain drain
fastened beneath the keyboard
served to gather up

Lerne leiden ohne zu klagen
worauf der Kammervirtuose Johann Ladislaus
Stummel
sich mehrmals bekreuzigend
dem Großherzogtum den Rücken kehrte

—

the player's rivulet of tears
Following the fortepiano's unveiling
    in Weimar
Goethe
famously uttered the phrase
Lerne leiden ohne zu klagen
in the wake of which
Johann Ladislaus Stummel
the Grand Duke's court virtuoso
fled the Duchy
repeatedly crossing himself

—

Der Mann da vorne
der sich ständig kratzt
ist er wirklich gekommen
um Adalbert Brennessel zu hören
den größten Falsettisten beiderlei Geschlechts
unseren Adalbert
auch Albino genannt
weil er rote Augen hat

Wenn er uns ansieht
der Adalbert
dringt sein Blick in uns hinein
irgendwohin zwischen Herz und Mark
und bleibt dort sitzen
brennend und fressend
Aber wir sind ja auch da
um seine jaulenden Portamenti zu hören
seine Sechzehntel
die er mit der Erbarmungslosigkeit eines Trommelfeuers auf uns abschießt
sein mezza voce
bei dem er beide Augen zudrückt

Wenn er sie wieder aufmacht
rieselt es durch uns hindurch
Jetzt fixiert er den Mann
den da vorne
dessen Gesicht rot und röter wird
während der Ärmste
sich unentwegt kratzend
unter seinen Sitz kriecht
gebrandmarkt für immer

—

The man in the front row
steadily scratching himself
has he actually come
to hear Adalbert Brennettle
the greatest falsetto of any gender
our Adalbert
aka Albino
because he's red-eyed

When Adalbert stares
his look pierces us
somewhere between heart and marrow
and lingers there
nettling us
But we also came
to hear his screeching portamenti
his semiquavers
which he aims at us
like machine-gun fire
his mezza voce
for which he closes both eyes

When he opens them again
he fixes his gaze
on the man in the front row
whose face turns redder and redder
as he crawls under his seat
scratching himself furiously
nettled forever

—

Hier sitzt er
und winkt mit seiner arthritischen Hand
die keinen Taktstock mehr halten kann
man möge aus dem Archiv
Tonaufnahmen herbeischaffen
das Gerät einschalten
Rosenkavalier Met 1974
wenn er bitten dürfte
nein nicht das Terzett
sondern gleich den Beifall
in gebührender Lautstärke natürlich
Neunzehn Minuten lang
zitterten damals die Wände
Sodann die Mitschnitte aus Salzburg und Paris
Orkane der Zustimmung
Paris wie stets der lauteste
Salzburg der längste
volle zehn Minuten länger als Nikisch
Geweint hätten die Leute damals
wo gäbe es das heute noch
geschluchzt und sich
vor der Tür seiner Garderobe
geprügelt
Die Dame
die in der Pause bei ihm eindrang
das war in Buenos Aires
und sich entblößte
der hatte er in der Folge
eine Rippe eingedrückt
monatelang noch
wünschte die ganze Stadt

Here he sits
beckoning
with his arthritic hand
that can no longer hold a baton
Pray
fetch those tapes from the archives
switch on the machine
Rosenkavalier Met 1974
No not the trio
just the applause
the volume appropriately loud
For nineteen minutes
I raised the roof
Then the recordings from Salzburg and Paris
gales of public esteem
Paris as always the loudest
Salzburg the longest
a full ten minutes longer than Nikisch
People wept
whoever does that today
sobbed and pummelled each other
outside my dressing-room
The lady
who forced herself in during the interval
in Buenos Aires of all places
and exposed herself
managed to break a rib
during our embrace
For months on end
the whole town clamoured
to inspect her midriff

ihre Rippe zu besichtigen
Man liebte ihn
keiner konnte das bestreiten
selbst die Musiker
fraßen ihm aus der Hand
Als er dem Konzertmeister
mit dem Taktstock
ein Auge ausgestochen hatte
hielt der brave Mann
ihm das andere hin
Je böser er wurde
um so besser spielte das Orchester
Bruno Walter
wäre das nie gelungen
Zum Abschluß noch
den Fidelio aus Budapest
ein akustischer Glücksfall
da hört man tatsächlich
wie
mitten im allgemeinen Jubel
die Elevin
die ihm an der Rampe
die Blumen überreicht hatte
ohnmächtig in den Orchestergraben fiel

—

They loved me
no doubt about that
even the musicians
ate from my hand
When I gouged out
the leader's right eye
with my stick
the good man
offered me his left
The nastier I became
the better they played
something Bruno Walter
would never have pulled off
Finally
Fidelio from Budapest
an acoustical quirk
you can actually hear
how
in the general pandemonium
the pretty usherette
after handing me flowers on stage
fell unconscious
into the orchestra pit

—

Wenn der Mond rund ist
stellen wir uns vors Haus
und beginnen zu heulen
Dünn und langgezogen
heult die Hausfrau
weinerlich heulen die Kinder
Ich als Hausherr
heule mit Hugo Wolf
Grüß dich Deutschland aus Herzensgrund
singe ich heulend
Unlängst packte mich ein Kammersänger
    in sein Auto
öffnete das Dach
singend fuhren wir durch die Nacht
er schmetterte
ich heulte
Deutschland
selbst die Polizisten nahmen ihre Mützen ab
In einem Vorort
blieb Beniamino Rosenwänge
so hieß der Sänger
plötzlich stehen
blies seine Backen auf
und sagte
ich bin der Friedenskaiser Franz Joseph
Dann stieg er aus
und riß ein Schaf
Ich schlug mich in die Büsche

When the moon is full
we line up outside the house
and start howling
thin and persistent
the mother
tearful
the children
I
as paterfamilias
howl with Hugo Wolf
Grüß dich Deutschland aus Herzensgrund
That's what I sing or howl
The other day
a Kammersänger packed me into his car
opened the roof
singing
we drove through the night
he roared
I howled
Germany
even the policemen doffed their helmets
Beniamino Rosenwänge
that's the singer's name
suddenly stopped
puffed out his cheeks
and said
I am Franz Josef
the Emperor of Peace

voller Nebelglanz
Goethe hatte das richtig gesehen
Deutschland
winselte ich leise
damit die Maulwürfe nicht aufwachten

—

Then he got out
and savaged a sheep
I hid in the bushes
gleaming with mist
Goethe got that quite right
Deutschland
I whimpered softly
not to wake up the moles

—

Als Mozart ermordet worden war
ahnte niemand
nicht einmal Haydn
daß kein Geringerer als Beethoven
die ruchlose Tat begangen hatte
Während einer Landpartie
da Mozart
vom Bockspringen ermüdet
im Grase ruhte
näherte sich Beethoven
als Salieri verkleidet
mit der Geräuschlosigkeit einer Katze
und träufelte dem Schöpfer der Kleinen
Nachtmusik
Gift ins Ohr

An dieser Stelle wäre einzuflechten
daß es im Leben Beethovens
ein gut gehütetes Geheimnis gab
Beethoven WAR EIN NEGER
und Mozart HATTE ES BEMERKT
Nach einem von Beethovens berühmten
Fortepiano-Vorträgen
hörte man Mozart halblaut zu Süßmayr sagen
Für an Nega spülta netamoi schlecht
Nun lag er da
und das Gift gluckste in ihm
Grimming in sich hineinlachend

When Mozart was murdered
no one
not even Haydn
would have guessed
that it was Beethoven
who had committed the sinister deed
During an outing
while Mozart
exhausted from playing leapfrog
was resting in the grass
Beethoven
disguised as Salieri
approached
slinking like a tomcat
and trickled poison
into Mozart's matchless ear

At this point
it should be mentioned
that there was
in Beethoven's life
a closely guarded secret
Beethoven was BLACK
and Mozart had FOUND OUT
After one of Beethoven's wondrous
 improvisations
Mozart
had whispered to Süßmayr

schlich der junge Übeltäter davon
im festen Besitz der Tonart c-moll
die ihm
von dieser Stunde an
keiner mehr streitig machen würde

—

Not bad for a nigger
Now there he lay
with poison racing through his veins
Laughing grimly
the culprit sneaked away
in full possession of the key of C minor
which
from now on
would be his

—

Man könnte sich hinstellen
den linken Fuß etwas voran
ernst aber locker
ein Mann in reiferen Jahren
nichts beweisen wollend
weder anmaßend noch unterwürfig
und darauf warten
daß die Leute still dasäßen
still und neugierig
bevor man zu lachen anfing
explosionsartig
bis jemand mitlachte
oder
in ernsthaften Ländern wie Italien
vornehm den Kopf schüttelte

Man könnte dann
einen Feuerwehrschlauch
auf die erste Reihe richten
sofern man es
nach einer höflichen Verbeugung
nicht vorzöge
etwas von Brom Brehm Brums
nein Brahms zu spielen
strukturell durchleuchtet
zugleich eine Handvoll Mäuse loslassen
damit die Damen
blitzschnell ihre Stühle erkletterten
piepsten

One could stand there
left foot slightly forward
concentrated yet relaxed
a mature man
neither arrogant nor subservient
and wait for the audience to be silent
silent and attentive
before one started to laugh
explosively
to the point where somebody joined in
or
in a serious country like Italy
shook his head

One could then
aim a fire hose at the first row
unless one preferred to bow politely
sit down
and play something by Brom Brehm Brums
sorry Brahms
while releasing simultaneously a handful of
mice
in order to make the ladies climb onto their
chairs
squeak in terror
and pull their skirts over their heads
a manoeuvre
that unfailingly makes the mice
take flight

und ihre Kleidchen
bis zum Gesicht hochhöben
was die Mäuse jedesmal dermaßen verwirrte
daß sie glatt an den Damen vorbeiliefen
Man verließe den Saal
über die Lieferantentreppe
bewehrt mit Bart und Zigarre
und schriebe
von Autogrammjägern umringt
im Kaffeehaus
Ergebenst Ihr Brahms
auf Servietten und Taschentücher
Manschetten und Handrücken
auf Ohrläppchen einfach Brms

—

One could leave the hall via the fire escape
armed with beard and cigar
to sign autographs at the nearby coffee house
Sincerely Brahms
on napkins and handkerchiefs
blouses and bosoms
on ear lobes just Brms

—

Seit diese Komponisten aus dem Jenseits
ihr das Haus einrannten
gab es nicht mehr viel
was sie aus der Fassung gebracht hätte
Sie ertrug es mit Gleichmut
daß man ihr Musik einflößte
endlose viktorianische Oratorien
ausgerechnet ihr
die
auf einem Ohr taub
immer nur die Hälfte dessen vernahm
was Mendelssohn oder Bruch ihr gerade
anvertrauten
Es machte ihr nichts aus
daß Brahms
seinen Bart auf ihrer Schulter liegen ließ
oder Chopin
sie mit Spiegeleiern fütterte
Und wenn Liszt
während des Diktats seiner neuesten
Kirchenchöre
mit seiner schönen Hand
elektrisierend über ihr Haar strich
murrte sie nicht
Bei Mozart allerdings
hörte der Spaß auf
Bar jeden Feingefühls
legte sich dieser Unhold
zu ihr in die Badewanne
und zwang sie
im Duett

Now that all those composers from
 the hereafter
had begun to populate her house
there was not much left
to throw her off balance
She didn't bat an eyelid
when they inflicted music on her
endless Victorian oratorios
on her of all people
who
deaf in one ear
heard only half
what Mendelssohn or Bruch craved to
 communicate
It didn't matter to her
that Brahms
rested his beard on her shoulder
or Chopin
fed her poached eggs
And when Liszt
while dictating his latest choral works
stroked her hair electrifyingly
she did not demur
Mozart
however
blew her fuse
Inconsiderate as always
this ogre
joined her in the bathtub
and made her sing his obscene canons one
 after another

einen Kanon nach dem andern zu singen
Zum Glück
verschwand die Erscheinung rechtzeitig
so daß wenigstens einer der Kanons
seinen Weg aufs Papier fand
gespickt mit falschen Noten natürlich
das gönnte sie ihm
ihre Schuld war das nicht
Schnell warf sie sich etwas über
um für den Besuch des griesgrämigen
Rachmaninow
gerüstet zu sein

—

in duet
Thank heaven
the apparition vanished just in time
allowing at least one of the canons
to find its way onto paper
bristling with wrong notes of course
that served him right
since it was none of her fault
Quickly
she grabbed something to put on
bracing herself for the visit
of surly Rachmaninov

—

Die Huster von Köln
haben sich mit den Kölner Klatschern
zu einer Hust- und Klatschgesellschaft
zusammengeschlossen
deren erklärtes Ziel es ist
die Hust- und Klatschrechte
der Kölner Konzertbesucher wahrzunehmen
Der Versuch verständnisloser Künstler und
Veranstalter
solche Privilegien in Frage zu stellen
mußte eine Hust- und Klatsch-Initiative
zur Folge haben
Den Mitgliedern des Hust- und Klatschvereins
obliegt genaueste Kenntnis der Musikstücke
damit nach feierlichen Schlüssen unverzüglich
geklatscht
und bei leisen Stellen
zumal in der lähmenden Stille von
Generalpausen
deutlich gehustet werden kann
Die Deutlichkeit des Hustens
ist oberste Vereinspflicht
schamhafte Verbergung desselben
oder gar selbstquälerische Unterdrückung
eines so natürlichen Vorgangs
bei Strafe des Ausschlusses untersagt

The Coughers of Cologne
have joined forces with the Cologne
    Clappers
and established the Cough and Clap
    Society
a non-profit-making organization
whose aim it is
to guarantee each concert-goer's right
to cough and applaud
Attempts by unfeeling artists or
    impresarios
to question such privileges
have led to a Coughers and Clappers
    initiative
Members are required to applaud
immediately after sublime codas
and cough distinctly
during expressive silences
Distinct coughing is of paramount
    importance
to stifle or muffle it
forbidden on pain of expulsion
Coughers of outstanding tenacity
are awarded the Coughing Rhinemaiden
a handsome if slightly baroque appendage
to be worn dangling from the neck

Wiederholter Serien- oder Dauerhusten
wird mit der «Huste nur»–Medaille prämiiert
Der neuerdings stattfindende Kontakt der
    Kölner HKG
mit den New Yorker Niesern
und den Frankfurter Jungpfeifern
läßt für das Kölner Musikleben
auch in Zukunft
Großes erwarten

—

The C & C's recent merger
with the New York Sneezers
and the London Whistlers
raises high hopes
for Cologne's musical future

—

Steinway. Ein Dithyrambus zum 150. Geburtstag

Vom Gebiß der Tasten schwarz-weiß angegrinst
nein freundlich angelächelt
bereit zuzuschlagen
nein ganz im Gegenteil
mit behutsamem Fingerdruck das Elefantenbein
oder was immer uns statt dessen
entgegenleuchtet
zu liebkosen
mißtrauisch nein entzückt
den so erzeugten Klängen nachlauschend
den steinigen Weg öffentlicher Auftritte
von Saal zu Saal und D zu D
in der Erinnerung erleidend nein nachgenießend
auf unseren Steinway-Stühlen
trunken hin und her schwankend
so fragen wir uns mit der Lichtseite unseres
Bewußtseins
während die Nachtseite sich einer
Schubert-Sonate hingibt
Wo
Ihr dreibeinigen Ungeheuer aus Holz Filz
und Stahl
wären wir ohne Euch
Was bliebe
ohne den zart pfeifenden Hauch Eurer Dämpfer
und Pedalhebel
dem Klavierpoeten zur Seelenspeise
Womit beleidigten nein belebten wir

Steinway – A dithyramb

Grinned at
no smiled at
by the keyboard's teeth
ready to strike
no quite the contrary
to caress with gentle fingers
the ivories
or whatever gleams at us these days
taken aback
no mesmerized
by those ensuing sounds
in memory resuffering
no savouring
the stony path from hall to hall and grand
    to grand
on Steinway stools
swaying to and fro
we ask ourselves from the bright side
    of our being
while the dark side yields to a Schubert Sonata
Where oh where
you three-legged monsters of wood felt
    and steel
would we be without you
What
if not the softly whistling breath of your
    dampers and pedals
would nourish a keyboard poet's soul
How would we abuse

unsere Brotgeber die Komponisten
Wem sonst
von Weib und Kind abgesehen
widmeten wir unsere ganze Wut nein Wonne
O heiliger Steinway
Engelsteufel aus Hamburg und New York
laß uns deine Hammerköpfe küssen
Deinen Resonanzboden an die klopfende Brust
    drücken
Dein Notenpult mit unseren Freudentränen
    durchlöchern
Dir vor allen
gilt die Raserei
unserer fünf Sinne und zehn Finger
Seid umschlungen
Ihr holden A-, B-, C- und D-Flügel
von Mänaden zerrissen
und mit Rosen bekränzt

—

no bring to life
our providers the composers
On whom else
other than on wife and children
would we unleash
all our rage
no rapture
O sacred Steinway
angeldevil from Hamburg and New York
let us kiss your hammerheads
press your sound-board to our beating breast
riddle your music-stand with tears of joy
To you above all
belongs the frenzy
of our five senses and ten fingers
Be embraced
O fair ABC and D grands
torn apart by maenads
and crowned by roses

—

Es gab einen Pianisten
der entwickelte einen zusätzlichen
dritten
Zeigefinger
nicht etwa zum Klavierspielen
obwohl er manchmal diskret
in eine schwierige Passage eingriff
sondern zum Hinzeigen
wenn beide Hände beschäftigt waren

Hie und da schoß der Finger aus der Nase
um einen Huster im Saal bloßzustellen
oder er kroch unter den Frackschößen hervor
einer Dame in der dritten Reihe Zeichen
gebend
Beim Krebs des Fugenthemas
sah man ihn in voller Länge
aus dem Hemdkragen aufsteigen
Ausnahmsweise
wenn das Hirn des Pianisten kochte
und die Harmonien durcheinandergerieten
richtete er sich auf seinen Besitzer
ja er klopfte mehrmals
anklagend
an dessen Schädeldecke

Es war nicht ohne weiteres klar
wen er anklagte
denn der Pianist tat ja sein möglichstes
und das Publikum in solchen Momenten
hielt lautlos den Atem an

There was a pianist
who developed
a third index finger
not to play the piano with
though it sometimes did intervene
discreetly
in tricky passages
but to point things out
when both hands were busy

Once in a while
the finger shot from his nose
to expose an obstinate cougher in the hall
or emerged from beneath his tailcoat
beckoning a lady in the third row
In complicated fugues
you saw it rise to its full height
from under his shirt collar
indicating the theme in retrograde
Occasionally
when the harmony got muddled
it even turned against its owner
repeatedly knocking its knuckle
on his cranium

Whatever it wished to complain about
remained a mystery
for clearly the pianist was doing his best
and the audience
at such moments
held its breath

Wenn der Finger danach
in der linken oberen Fracktasche verschwand
spürte man im Saal
eine gewisse Erleichterung
Der Mann mit der Videokamera
der die Szene eilig festgehalten hatte
nickte ein
und der Kritiker notierte
um den Wortlaut nicht zu vergessen
die Überschrift
Ein Finger zuviel

—

When subsequently
the finger disappeared
into the pianist's left upper pocket
one could sense
in the hall
a certain relief
The man with the videocamera
who had managed to record the scene
nodded off
and the critic
eager to retain the exact wording
wrote down the title of his piece
One finger too many

—

Als der Klavierpoet
sein Honigbrot verspeist hatte
setzte er sich
wie stets um zehn Uhr dreißig
an den Flügel
mit dem Ziel
sich selbst
die Musik
das Instrument
sowie ein imaginäres Publikum
zu verzaubern

Niemals wurden die Fenster geöffnet
Frische Luft könnte der Poesie schaden
Der aus den Tönen gezogene Duft
mußte unverdünnt eingeatmet werden
die Ohren sich wie geblähte Nüstern
nie gehörten Nuancen hingeben

Eigentlich roch der Raum nach Katzen
Katzen waren geduldet
solange sie nicht die Krallen an den Kissen
schärften
oder Mäuse unter den Pedalen deponierten
Der Klavierpoet versuchte
seine Finger möglichst katzenhaft
gleitend oder schleichend zu benützen
Manchmal miaute er leise
wenn in der Musik Gefühle des seelischen
Hungers
zum Ausdruck kamen

The poet of the keyboard
after treating himself to bread-and-honey
sat down
ten-thirty sharp
at his instrument
ready to mesmerize
an imaginary public
the music
the piano
and of course
himself

No one
ever dared open the windows
Fresh air
might harm the poetry
the music's aroma
to be savoured undiluted
by ears flared like nostrils
craving nuances previously unfathomed

In actual fact
the music room smelt of cats
creatures he tolerated
provided they didn't sharpen their claws
    on his sofa
or deposit mice beneath the pedals
The poet of the piano
moved his fingers cat-like
slinking and slithering
and mewed

Verstohlen blickte er dabei auf die Uhr
ein keineswegs katzenhaftes Knurren
hatte sich seinem Inneren entrungen
doch es war noch längst nicht halb eins
und die Stillung des Hungers nach Schönheit
erforderte seine ganze Zuwendung

So zauberte der Pianist denn weiter
ebenso raffiniert wie innig
eine seltene Kombination
bis das Rasseln des Reiseweckers
sein Spiel mitten im Takt unterbrach
Fast siebzehnmal hintereinander
war das Nocturne erklungen
ein Pensum an Poesie
das den Künstler berechtigte
ins nächste Honigbrot zu beißen

—

when the music conveyed emotional hunger
Furtively
he would glance at the clock
a growl
by no means feline
had emerged from within
but twelve-thirty was nowhere near
and to quench his appetite for beauty
required all his attention

Thus
the pianist went on weaving his magic
movingly simple yet morbidly sophisticated
a rare combination
until the rattle of his alarm clock
interrupted him in the middle of a bar
Considering he'd played the Nocturne
almost seventeen times in a row
he felt entitled
to another bite of bread-and-honey

—

Bei seinem letzten Konzert
sah ich meinen Kollegen Fischkemper
über dem Klavier levitieren
ich traute meinen Augen nicht
doch tatsächlich da schwebte er
während der Flügel
den Es-Dur-Triller der Sonate Opus 111
selbsttätig weiterspielte
ihn um Minuten verlängernd
damit auch der größte Zweifler
Gelegenheit hätte zu registrieren
daß hier ein mystisches Erlebnis
wahrnehmbar von allen
sich ereignete

—

During his recent recital
I saw my celebrated colleague Fischkemper
levitate above the piano
I could hardly believe my eyes
but there he hovered
while the piano keys
all by themselves
went on playing the E flat trill from opus 111
thus demonstrating
even to the staunchest sceptic
that a mystical experience
accessible to all
was being enacted

—

Seinen Kopf zu verlieren
ist nicht ungefährlich
Erst nach Stunden oder Tagen
kommt er
etwas verstaubt
wieder zum Vorschein
Statt selbst
auf allen Vieren
den Boden abzutasten
wende man sich an die Haushälterin
die notfalls
mit Besen oder Bartwisch
unter den Möbeln stöbert
Runde Gegenstände rollen ja gern
in die entferntesten Ecken
So empfiehlt es sich
die Balkontür geschlossen zu halten
damit der Kopf nicht
auf dem Gehsteig
in falsche Hände gerät
Klavier spielen
kann man bekanntlich auch kopflos
Das Publikum
wird es uns dennoch
zu danken wissen
wenn wir
das vom Rumpf getrennte Objekt
gesäubert und gut sichtbar
auf dem Konzertflügel
den Blicken darbieten

Losing one's head
is not devoid of danger
It may take hours
if not days or weeks
to surface again
covered with dust and grime
Instead of searching on all fours
you'd better instruct the housekeeper
to poke beneath the furniture
with mop and broom
Since round objects
are quick to roll into remotest corners
it might be prudent
to keep the balcony door firmly shut
lest the head
stray onto the sidewalk
ending up in undesirable hands
Headless piano playing
is
of course
perfectly feasible
The audience would appreciate it
however
if we exhibited the severed object
suitably cleaned and clearly visible
on the concert grand
Sporting a stiff collar
and thoroughly immersed in the music
it will enhance our enjoyment
by its grimaces

Auf dem Sockel eines steifen Kragens ruhend
vermag es dort
ganz der Musik hingegeben
dieselbe
durch sein Mienenspiel
auf das eindrucksvollste zu beleben
Seht
wie das mit den Mundwinkeln zuckt
mit den Kiefern schlottert
die Augen aufreißt
und beim Schlußakkord
wie ein Affe
die Zähne entblößt

—

See
how the mouth twitches
the jaws tremble
the eyes bulge
and the teeth
at the final chord
are bared
like a beast's

—

Jeder
selbst die gehörlose reifere Jugend
kennt sie als das 'Tasmanische Dutzend'
zwölfmal zehn Finger
ebenso flink wie gefühlvoll
ein Pianistenwurf aus dem Mutterland des
Tasmanischen Teufels
Retter des gehobenen Musikgenusses
allesamt
einzeln oder unisono
dem Klavierkonzert von Grieg verpflichtet
dem tasmanischen Meisterwerk
der Norweger hatte es zu Papier gebracht
als er die Strafkolonie bevölkerte
der einzige musikalische Sträfling der
Geschichte
eine Ungerechtigkeit möchten wir sagen
zumindest Chatschaturjan
hätten wir gerne
an seiner Seite gesehen
Zu dieser Zeit
richtete sich Griegs zoologisches Interesse
Grieg war tierlieb
ausschließlich auf das Wombat
Vombatus ursinis
ein Beuteltier von geringer Anmut
Das Klavierkonzert ist denn auch
« meinem Wombat » gewidmet
was nicht jedermann weiß
der das Autograph nicht in der Hand halten
durfte

Everyone
even today's stone-deaf over-forties
knows them as the 'Tasmanian Dozen'
twelve times ten fingers
nimble and sensitive
a litter of pianists
from the motherland of the Tasmanian Devil
who
singly or in unison
have restored elevated musical taste
by championing Grieg's Piano Concerto
penned by the Norwegian
as a member of the penal colony
the only composer-inmate in musical history
an obvious injustice
since Khatchaturian
in our view
would have richly deserved to share
    that distinction
This was Grieg's zoological period
His love of animals admittedly
was directed exclusively at the wombat
vombatus ursinis
a marsupial of little charm
The Piano Concerto
accordingly
is dedicated 'To my wombat'
a fact known only to those
who have held the autograph in their hands
Grieg's family took steps
to suppress this crucial detail

Griegs Familie hatte dafür gesorgt
dieses wichtige Detail zu unterdrücken
Mit vollem Recht jedoch
hat nunmehr
die von Liszt stets hochgehaltene Komposition
dank der Hingabe seiner insularen Befürworter
die
als Wombats verkleidet
soeben ihren Platz auf den Klavierstühlen
    eingenommen haben
seine Weltgeltung wiedergewonnen
Ein atemlos lauschender Saal
voller halbwüchsiger Wombats
von einigen Tasmanischen Teufeln grauenhaft
    durchsetzt
wird es den Spielern
nach der Schlußapotheose
zu danken wissen

—

Now however
the composition so prized by Liszt
has deservedly
regained its international prestige
thanks to the devotion of these islanders
who
disguised as wombats
have just straddled their piano stools
A packed hall
of rapt adolescent wombats
infiltrated by a number of gruesome
    Tasmanian Devils
will doubtless
express their gratitude to the players
after the final apotheosis

—

Wir bestehen darauf
die beiden Sechzehntel am Ende des vorletzten
Taktes
in sarkastischer Schärfe hervortreten zu lassen
zugleich das Register der tiefen Tonlagen
wie eine
den vordersten Rand der Bühne bevölkernde
Meute von Kontrabässen Tuben und Rasseln
den höheren Frequenzen aufzudrängen
weiterhin den Müßiggang schleppender
Abschnitte
bis an den Rand des Stillstands zu zerdehnen
somit die Spieldauer des gewaltigen
wenn auch zusätzlich noch humoristischen
Meisterwerks
über die Einstundengrenze hinauszuzögern
ferner anhand sämtlicher
mit Punkten oder Keilen versehener
Töne exemplarisch darzustellen
daß der hochgeschätzte Spieler
nicht zu vergessen die Raubtiere züchtende
Spielerin
sowohl bellend als beißend
sich Gehör zu verschaffen vermag
überdies
bei unvermutet eintretenden Pianostellen
unsere Klienten
durch in letzter Sekunde hervorgestoßene
freudige Zurufe
auf das Ereignis vorzubereiten
schließlich den affirmierenden Schlußakkord

We insist on accentuating
with sarcastic pungency
the final semiquavers in the penultimate bar
At the same time
we overwhelm the higher frequencies
by assailing them with the lower ones
as if a horde of double-basses tubas and rattles
were positioned in front of the orchestra
Furthermore
we delight in spinning out
the inertia of dragging sections
thus extending the stupendous
if simultaneously humorous
masterpiece
to exceed a full hour's duration
Moreover
considering the quantity of dotted and
    edged notes
we can rely on the esteemed keyboard virtuoso
not to mention the lady breeder of beasts
    of prey
to arouse attention
whether by barking or biting
It has
in addition
remained our practice
to forewarn our clients
by joyously announcing subito pianos
at the very last moment
Finally
we decide to turn the last chord

in ein
gesellschaftlich wohlbegründetes
Fragezeichen zu verwandeln
das
einem Galgen gleich
über dem Pianisten in der Luft schwebt

—

from being regrettably affirmative
into a sociologically vindicated question mark
that hovers in the air
above the pianist
like a noose

—

Mit den übrigen Tönen
hatte mein Bruder Frieden geschlossen
das CES nicht ausgenommen
wiewohl dieses
lichtscheu wie das Loch Ness-Monster
nur selten
und dann in as-moll
sein grämliches Haupt erhebt
Was ihn hingegen
beim CIS durchzuckte
war ein scharfer Schmerz physischer Art
Kein Körperteil
schien vor diesem sicher
dazu kamen dunkelrote Flecken
auf Gesicht und Nase
auch Haarbüschel
waren ihm zwischen den Fingern geblieben
Beim Genuß der Sonate Opus 27/2
fiel ihm sogar ein Schneidezahn
aus dem Mund
Dabei hatte es mit dem DES
nie Ärger gegeben
Noch das düsterste Tongehämmer
in Beethovens Opus 57
entließ ihn unbeschädigt
Ich persönlich
reagiere übrigens genau umgekehrt
Ein einziges DES genügt
und kleine Pusteln
erscheinen über der Oberlippe
Als kürzlich

With all the other notes
my brother had made his peace
not excluding C flat
although it shunned the light like Nessie
only seldom
and then in A flat minor
rearing its sullen head
C sharp on the other hand
pierced his frame
with a stab of pain
No part of the body
was spared
dark red blotches
appeared on his face and nose
and tufts of hair
came out in his hands
As he wallowed in Opus 27/2
an incisor
fell from his mouth
Whereas D flat
had never given him hassle
Even the gloomy hammering
in Beethoven's Opus 57
left him unscathed
Personally
I have the opposite reaction
A single D flat suffices
for suppurating pimples
to sprout on my upper lip
When recently
I heard the word deflation

der Name Desdemona fiel
mußte ich auf einer Tragbahre
das Theater verlassen
Hinwiederum ohne das CIS
fehlte mir vollends der Antrieb
auch nur den einfachsten Handgriff
mit Anstand zu bewältigen
So hält die Natur
auch für eineiige Zwillinge
Überraschungen bereit

—

I was wheeled away
on a stretcher
But there again without C sharp
I would be utterly unable
to carry out the simplest of tasks

Thus it is that nature can take
even identical twins
by surprise

—

Heute bin ich eine Maus
klein genug
an den Pedalen entlang
in den Flügel zu schlüpfen
Sie müssen verstehen
Dieser Wurzenfilz
ist etwas Göttliches
kilometerweit
sticht er Mäusen in die Nase
Sofort
stürzen wir uns auf die Hammerköpfe
und bauen uns daraus ein Nest
Dann zernagen wir die Dämpfer
bis sie nichts mehr dämpfen
wozu auch
wir Feldmäuse ziehen Aeolsharfen vor
bei jedem Lufthauch
ist die Musik von selbst da
zart und gruselig
Dazu pfeifen wir leise
hat man je
etwas Schöneres gehört

—

Today I'm a mouse
minute enough
to patter along the pedals
into the piano
The smell of this felt
you must realize
is something divine
assailing our noses
over a distance of miles
Eagerly
we set about the hammers
exploiting them to build our nests
then we nibble at the dampers
until they stop damping
What's the point of dampers anyway
We field mice prefer Aeolian harps
With every breath of air
music materializes
all by itself
delicate and spooky
embellished by our faint whistling
Whoever heard
anything more beautiful

—

Mit seinen eigenen Augen
mußte er mitansehen
wie
von einem Atemzug zum anderen
die weißen Tasten des Konzertflügels
sich einschwärzten
die schwarzen zugleich
milchweiß verschimmelten
ein Widersinn
der darauf hinzudeuten schien
es seien
die den Fingern entquellenden
Rondos Konzertetüden und Doppelfugen
gleichfalls ins Paradoxe zu wenden
grinsende Gegenbilder ihrer selbst
Tongespenster
ausgebleicht auf schwarzem Grund

—

With his own eyes
he was forced to observe
how
from one breath to the next
all the white keys of the concert grand
blackened
while simultaneously the black ones
turned mouldy and milky white
an absurdity
seemingly indicating
that all the rondos concert études and
    double fugues
should accordingly
turn paradoxical
smirking counterparts of themselves
tone phantoms
bleached against a black ground

—

Als der 119jährige
Großverweser sämtlicher Sonaten Balladen
und Bagatellen
das Podium nach der zwölften Zugabe
endgültig hinter sich zurückließ
mischte sich in den Gram des Publikums
ein leises Rummeln und Grollen
bevor die goldene Orgel
Anton Bruckners Ein und Alles
jäh aus der Wand sprang
den Konzertflügel
kakophonisch unter sich begrabend

Bar jeden Zartgefühls
blickten die Karyatiden
auf das Gewirr von Holz Filz und Stahl
während sich
wenige Handbreit höher
die Statuen der 27 allergrößten Komponisten
als seien es Lemminge
reihenweise von den Sockeln stürzten

Das Ende einer Ära
konstatierte eine scharfe Stimme
bevor der Dame
es war die Garderobiere vom Sacher
das linke Bein Schuberts
wie eine Trophäe
in den Schoß fiel

When after his twelfth encore
the tottering purveyor of sonatas fugues
    and polonaises
waved his final goodbye
a faint tremor
merged with the public's palpitations
before
screaking and splintering
the golden organ leapt out from the wall
and plummeted
smothering the concert grand
Presiding over the heap of shattered
    organ pipes
the caryatids kept their cool
while
far from aloof
all 27 statues of the world's truly great
    composers
hurled themselves
row by row
lemming-like
from their pedestals

The end of an era
pronounced a strident voice
swiftly to be silenced
by the muffled thud of Schubert's left leg

Wochen
wenn nicht Monate
würden vergehen
ehe das Musikleben
auf feste Füße zurückfand

—

It could be weeks
if not months
before the musical community
regains its footing

—

Auf dem Schießklavier
liegen schußbereit die Gewehre
Ein guter Ort sie aufzubewahren
statt beschossen zu werden
schießen wir lieber selber
Als Auftakt
ein Schuß in die Decke
Dann zum Einschießen
die Gipsbüsten
Eine Salve daraufhin
in den Leib des Klaviers
das Zersplittern der Pedale
ein fröhlicher Anblick
jetzt die Schrift über den Tasten
Mauser & Sons
von Einschußlöchern durchsiebt
Ein paar Schreckschüsse nun
mit dem Luftgewehr
ins kreischende Publikum
Kollegen und Kritiker
da kennen Sie uns schlecht
wir sind ja keine Unmenschen
denen verzeihen wir alles
schießen über ihre Köpfe
hoffend
daß sie beim Davonlaufen
in die nächste Grube fallen
Dort holen wir sie wieder heraus

On the piano
ready for shooting
rest the rifles
A good place to store them
instead of being shot at
we'd be better off
doing the shooting ourselves
As a prelude
a shot at the ceiling
Next
to get going
the plaster busts
followed by a volley
into the piano's rump
The splintering of pedals
an invigorating sight
Now the logo above the piano keys
Browning & Sons
riddled with bullet-holes
Then a few warning shots
with the air-gun
into the shrieking audience
Colleagues and critics
that's where you get us wrong
brutes we are not
rather
we forgive them everything
shoot over their heads

biegen sie zurecht
bürsten sie glatt
und schießen
vor lauter Begeisterung
dreimal in die Luft

—

hoping
that
while running away
they'll fall into the next ditch
From there
we'll drag them out
bend them into shape
brush them smooth
and shoot
out of sheer joy
thrice into the air

—

Die Neigung
Kirchenlieder zu singen
hat neuerdings
unter Bankräubern Fuß gefaßt
Mit fester Stimme
preisen sie Gott
während die Kassiererinnen auf die
Knie sinken
und der Bankdirektor
mit einstimmend
das Unterste seiner Taschen zuoberst kehrt

—

The urge to sing hymns
has recently
caught on amongst bank-robbers
With stentorian voices
they praise God
while the cashier sinks to her knees
and the bank manager
chiming in
turns out his pockets

—

Bestrebt
das Singen in den Hintergrund zu schieben
hat sich in Altötting
eine Schule des Gackerns etabliert
deren Absolventen
Keller und Korridore unserer Musikinstitute
in Hühnersteige verwandeln

Pierluigi Händel
ein Nachfahr des großen italienischen
Operngackerers
selbst ein namhafter Hühnerzüchter
gelang es
die Physiologie des Gackerns
in seiner Gackerschule
dem
nach Ausdruck dürstenden
Menschen näherzubringen

Bereits ein diskretes
hühnerartiges Aufplustern
lockert das Gaumensegel
welches nun seinerseits ins Flattern gerät
ein zunehmend knatternder
spasmodischer Vorgang
der sich bis ins Gackernde
zu steigern vermag

Zumal in Rachearien
läßt sich der ausgeschüttete Gewinn
an den Fingern beider Hände ablesen

—

At pains
to relegate singing to the background
a clucking school
has opened in Hendon
whose graduates
are turning the cellars and corridors of
    our conservatoires
into chicken-coops

Pierluigi Handel
a descendant of the supreme Italian
    opera clucker
himself a renowned breeder of chickens
managed to teach
in his clucking school
the physiology of clucking
to those
with a thirst for espressivo

A subtle
chicken-like swagger
relaxes the palate
which then commences to flutter
thus causing spasmodic cackling
that in turn intensifies
into actual clucking

In revenge arias above all
the gain
can be counted
on the fingers of both hands

—

Gestatten Sie mir
den singenden Affen Nordkoreas
meine Dienste anzubieten
Als Korrepetitor und Reisemarschall
des großen Pavarotti
sowie bevorzugter Klavierstimmer Vladimir von
Pachmanns
sehen Sie mich willens und in der Lage
die musikalische Entfaltung der schwarzen
Schopfgibbons
entscheidend voranzutreiben
Zusätzlich
darf ich auf Jahre fachkundiger Betreuung
der Schwanzaffen im Zoo von San Diego
zurückblicken
Die Gestaltung des Studienplans
läge bei mir in strengen
aber sicheren Händen
Von Beethovens Adelaide ausgehend
lenkte er folgerichtig
die Auffassungsgabe
über Schuberts Heidenröslein
zu Lehár und Leoncavallo
Dem klassischen Musikgenuß wäre damit eine
wohlfeile Konzessionen vermeidende
Bresche geschlagen

Reisefertig grüßt

Papio Hamadryas
EPA EAP PEA AEP APE, Hon. CHIMP

—

Permit me to offer my services
to North Korea's singing monkeys
As the great Pavarotti's
repetiteur and travel agent
as well as
Vladimir von Pachmann's favourite
    piano tuner
I am willing and qualified
to foster the musical blossoming
of the black-crested gibbon
What's more
I can look back on many years of expertise
in caring for the long-tailed monkey
of San Diego Zoo
The syllabus with me
would be in rigorous but safe hands
Starting with Beethoven's Adelaide
it would promote the powers of comprehension
systematically progressing
via Schubert's Heidenröslein
to Lehár and Leoncavallo
In this way
the appreciation of Classical Music
would find a new niche
without succumbing to cheap compromise
Ever at your service
I greet you as I part

Papio Hamadryas
EPA EAP PEA AEP APE, Hon. CHIMP

—

Daß es den Engelschören
bis ans Ende der Zeiten vergönnt sei
ihren Schöpfer zu preisen
ist eines jener Mißverständnisse
auf die unsere Kenntnis des Numinosen
wie auf Sand gebaut ist
In Wahrheit steht ihr Gesang
der Kakophonie der Sphären diametral
entgegen
ein Akt musikalischer Notwehr
angesichts des Lärms der Schöpfung
ein nobler Protest
an die höchste Adresse gerichtet
Wir befürchten allerdings
daß dieser
der Funktionsharmonik verpflichtete
Ruf nach Schönheit
nur bei einigen Kaninchen
Gehör finden wird

—

That angelic choirs
are entitled
to praise their Creator
till the end of time
is one of those fallacies
on which our perception of the numinous
is based as though on sand
In truth
their song is diametrically opposed
to the Cacophony of the Spheres
an act of musical self-defence
in the face of creation's clamour
a noble protest
aimed at the Highest Authority
We fear
however
that this invocation to beauty
and functional harmony
will only reach
a few rabbits' ears

—

Ohrlöffel vernehmen Dinge
die uns Rundohren
auf ewig verschlossen bleiben
An klaren Tagen
und in gänzlich hochgerecktem Zustand
lauschen sie stereophonisch
dem Gesang der Sphären
Regungslos
mit zur Seite geneigtem Kopf
kauert das Hasentier
in Ehrfurcht erstarrt
während wir altgedienten Empiriker
unsere kümmerliche Membran
an den Boden pressen

—

Animal lugs perceive things
that
to us roundears
remain forever inaccessible
On clear days
when pricked to their utmost peak
they listen stereophonically
to the music of the spheres
Motionless
head on one side
the hare crouches
rapt with reverence
while we long-serving empiricists
press our paltry membrane
to the ground

—

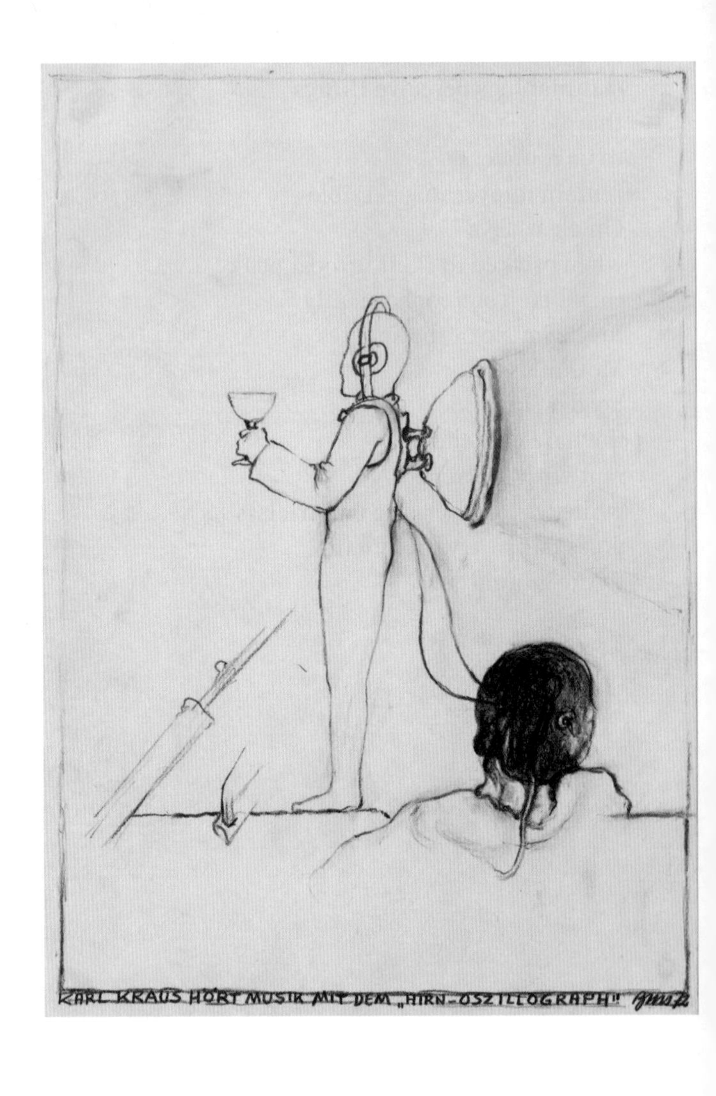

Karl Kraus Listens to Music with the Brain Oscillograph, Günter Brus (b. 1938)

NOISE AND SILENCE
LÄRM UND STILLE

Wer
wie ich
die Erfahrung gemacht hat
daß Lärm die Lebensgeister hebt
der wird dem Institut für Geräuschvermittlung
seinen Dank nicht versagen
Der Besuch von Großbaustellen Eisenwalzwerken
und Formel-eins-Rennen
sowie der Niagarafälle
garantiert dem unter Stille Leidenden
Linderung im Kreise Gleichgesinnter
Asphaltbohrer und Baumsägen
stehen gegen Kaution zur Verfügung
auch mehrere Haubitzen älteren Modells
sind zum Vorschein gekommen
Für ein kleines Aufgeld
überfliegen Militärflugzeuge
nahezu den Boden streifend
die verschwiegensten Landstriche
Im Eheanbahnungsbüro des Hauses wiederum
stürzen Heiratslustige brüllend aufeinander
Auf dem benachbarten Friedhof
sind Rockmusiker damit beschäftigt
die Toten aufzuwecken
ein Vorhaben
von dem man
angesichts der fortschreitenden Übervölkerung
des Planeten
doch lieber Abstand nehmen sollte

—

Who
like me
has found out
that noise improves the quality of life
will hardly fail to acknowledge their gratitude
to the Society for the Advancement of Clamour
Visits to construction sites, rolling mills and
    Formula One races
as of course to the Niagara Falls
are bound to bring relief
to all those who suffer from silence
Pneumatic drills and chainsaws
can
for a small deposit
be hired
while recently
a number of obsolete howitzers
have become available
At a modest extra charge
Air Force planes
skimming the ground
will fly over the remotest valleys
In the Institute's Marriage Council Bureau
men and women
leap at each other screaming
Rock musicians
at the nearby cemetery
are busy waking the dead
an enterprise from which
considering the overpopulation of the planet
we'd sooner distance ourselves

—

Abgeschirmt von den Geräuschen der Welt
so lauschte der Komponist
seiner inneren Stimme
Die leisen Abschnitte
waren kaum zu vernehmen
an der Schwelle des zu Erlauschenden
mehr sich entziehend als mitteilend
Ohnehin ging es darum
das Unhörbare hören zu lernen
die Grenze von Klang und Nichtklang
zu erforschen
vielleicht zu überschreiten
Dazu brauchte man
Konzentration im Übermaß
Entschlossenheit und Absichtslosigkeit
zugleich
Gegensätze die sich ergänzten
Immer schwieriger wurde es zu entscheiden
ob man noch oder nicht mehr hörte
Immer dünnere Federn
erheischte die Niederschrift der Noten
damit auch optisch
der Eindruck des kaum Greifbaren bewahrt
blieb
während die Vortragszeichen
unermeßliche Grade der Versagung
beschwörend
durch immer fetteren Druck
das Auge zu fesseln suchten
Zudem hatte sich einfaches Pianissimo
längst als unzureichend erwiesen

Sheltered from the noises of this world
the composer listened
to his inner voice
The soft passages
were barely perceptible
hovering at the very borders of audibility
a question
of learning to hear the unhearable
of exploring the boundary between sound
    and silence
if not overstepping it
For this
one needed concentration in abundance
the knack of being at once
resolute and unintentional
opposites that complemented each other
It grew ever more difficult
to decide whether one could still
or no longer hear
Writing down the notes
required ever thinner quills
so that the eye as well
could grasp the idea of the scarcely graspable
while the composer's markings
conjuring up infinite degrees of denial
attempted to attract the eye
through ever bolder type
Furthermore
simple pianissimos
had long ago proved inadequate
Pianos now appeared seventeenfold

Siebzehnfach
waren die Pianos nun aufgereiht
keiner noch
hatte sich ähnliches herausgenommen
ebensowenig wie die fünfzehn f
auf der folgenden Partiturseite
ein Rekord an musikalischer Gewalttätigkeit
den zu überbieten
der Komponist sich allerdings vorbehielt
Extreme brauchten einander
Stummheit
verlangte nach dem Schrei
was vermittelnd dazwischen lag
war Mittelmaß
ein warmer Platz hinter dem Ofen
kein Schauplatz für die Zerreißprobe
von Zartheit und Grausamkeit
die er sich auferlegt hatte
ein Gigant des Standhaltens
bis an den Tag
an dem die Unhörbarkeit der Musik
und der Verlust des Gehörs
ineinanderstürzen würden
in endgültige Stille

---

no one had ever attempted the like before
nor the fifteen *fortes*
of the following page
a record in musical violence
the right to exceed which
remained the composer's prerogative
Extremes needed each other
silences required screams
all that lay between was average
a cosy spot by the hearth
no place for the acid test
of tenderness and cruelty
that he
a giant of steadfastness
had set himself
until the day
when music's inaudibility
and the loss of hearing
would merge
into irrefutable silence

—

Man muß ganz still sitzen
um das Gras wachsen zu hören
Nicht jeder weiß was das heißt
still sein
ruhig atmen
weder schnaufen noch röcheln
nichts rühren
nur ganz vorsichtig die große Zehe bewegen
nichts fallen lassen
auf keinen Fall reden
nicht einmal flüstern
um Gottes willen nicht husten
an nichts und alles denken
Sehen kann man es zwar nicht
aber hören
wenn man lauscht
eine kleine Grasmusik
Plötzlich weiß man
was passieren wird
MAN AHNT DAS KOMMENDE
Nur noch ein wenig Geduld
dann erfährt man
die Börsenkurse von übermorgen

—

You must sit perfectly still
to hear the grass grow
Not everyone knows what that means
to sit still
to breathe calmly
no panting no snorting
no moving
except
with utmost caution
the big toe
no dropping things
not even whispering
for god's sake no coughing
thinking of all and nothing
You can't see it
but can
if you listen
hear
a little grass music
Suddenly you know what will happen
YOU FATHOM THE FUTURE
Just a bit more patience
and you'll discover
tomorrow's market rate

—

Schweigen wir
der Lärm
ist schon groß genug
Ohnehin
hört man die eigene Stimme nicht mehr
Gestikulierend
grüßen wir uns
werfen die Arme in die Luft
schürzen
in komischer Verzweiflung
die Lippen
Wenn niemand hinsieht
wagen wir eine Berührung
das ist immer noch das Schönste
einander berühren
ohne zu sprechen
Von Deinem Mund
lese ich ihn ab
Deinen kleinen Seufzer
Deinen
unhörbaren
Schrei

—

Surrounded by all that noise
let us be silent
No chance
even to hear one's own voice
A few gestures will do
arms flung above our heads
mouth pulled down in comic despair
When no one's looking
we hastily touch each other
What could be lovelier
than wordless touching
From your lips alone
I can read your tiny sighs
your inaudible scream

—

In der Stille
entkommst du dir
läßt die Schuhe stehen
öffnest die Türen
deine Wünsche fliegen davon
deine Ohren fallen zu Boden
wie Blätter liegen sie da
deine Hände
greifen nichts mehr
lautlos gehst du
kaum siehst du dich noch
wenn du verschwunden bist
wirst du Keiner sein

—

In the silence
you escape yourself
abandon shoes
open doors
your wishes take flight
your ears drop to the ground
There they lie like leaves
your hands
seize nothing
soundlessly you move
scarcely see yourself
Once you have vanished
you'll be no one

—

Collage, Hans Arp (1886–1966)

SITUATIONS
AND CONCEPTS

SITUATIONEN
UND DENKFIGUREN

Als der Philosoph
seinen Hörern
zu verstehen gegeben hatte
das Unsagbare
lasse sich pfeifend mitteilen
pfiffen sie ihn aus
Unsäglich
konstatierte der Philosoph
und pfiff zurück

—

When the philosopher
gave his listeners to understand
that the unutterable
may be communicated by whistling
they whistled him down
Unspeakable
stated the philosopher
and whistled back

—

Wir sind der Hahn und die Henne
Wir sind auch die kleinen Hühnerlein

Und das Ei
Wer ist das Ei
WIR SIND DAS EI
das Dotter aber auch das Eiweiß

Außerdem sind wir der Fuchs
der die Hühner frißt

Wir sind aber auch wirklich alles

—

We are the rooster and the hen
We're also little chickens
And what about the egg
Who is the egg
WE ARE THE EGG
the yolk as well as the white
Furthermore
we are the fox
that gobbles the hens

Gosh we're everything

—

Wir sind alles
Wir sind gegen alles
Alles muß endlich ein Ende haben
Der Anfang des Endes muß
ein neuer Anfang sein
Anfang eines neuen Endes
das sehnlichst anzufangen
wir herbeiwünschen
Nein wir wollen kein neues Ende
Unser Anfang
nimmt kein Ende
das
was er endlich anfängt
ist gültig
ist endgültig
Nein wir wollen
keinen neuen Anfang
Aber morden
das wollen wir

—

We're everything
We're against everything
Everything must end in the end
The beginning of the end
must be a new beginning
the beginning of a new end
we fervently long to begin
No we don't want a new end
Our beginning
does not end
what it in the end begins
is final
No we don't want a new beginning
but what we do want
is to kill

—

Schlimmer hätte es kaum kommen können
Erst verschwanden die Silberlöffel
Dann fiel das Familienbild von der Wand
Dann regnete es durchs Dach auf den
    Großvater
Dann vergaß Amalie sich mit dem Chauffeur
Dann fanden wir die Klavierlehrerin
stocksteif unterm Konzertflügel
Dann ruckelte das Auto und blieb stehen
Die Spielzeugeisenbahn entgleiste
Die Hühner machten den letzten Mucks
Alle Glühbirnen zerplatzten
Jemand fing an Posaune zu blasen
Das ging nun wirklich zu weit

—

It could hardly have been worse
First the silver disappeared
Then the family portrait fell from the wall
Then it rained through the roof on grandpa
Then Dorothy disgraced herself with
    the chauffeur
Then the piano teacher
stiff as a pole
was found beneath the concert-grand
Then the car spluttered and stopped
The toy train was derailed
The chickens clucked their last
All the bulbs exploded
Someone started playing the trumpet
That really was too much

—

Es gibt Ideen
die breiten sich aus wie Seerosen
aber Seerosen bleiben immer Seerosen
Ideen jedoch
verschmutzen verwittern bleichen aus
wie Spiegel
die ihre Sehkraft verlieren
bis sie erblinden

Andere klammern sich ans Überleben
sind wechselhaft wie Aprilwetter
schielen in alle Richtungen zugleich

Dann noch die gefährlichsten
die unablässig das Auge blenden
Menschen verschlingend

—

There are ideas
which spread as rapidly as waterlilies
but waterlilies remain waterlilies
Ideas however
get grimy
weather-beaten
and fade like mirrors
losing their lustre
going blind

Others cling to survival
changeable as April weather
squinting in all directions at once

While the most lethal
dazzle unremittingly
feeding on people

—

Nein
läßt sich schwer widerlegen
es trotzt den unverschämten Göttern
zieht Grenzen
ist streitbar vernünftig

Wenn es sich in die Brust wirft
das Nein
kokett wird
den Aufstand befiehlt
wollen wir dieses Nein
nicht bejahen
ein Nein
stehe gegen das andere
das genaue Nein
gegen das ungenaue

Mit dem Ja
seien wir sparsam
freundlich zögernd
man muß es drehen und wenden
wenn es uns überwältigt
löscht es uns aus

—

No
is hard to refute
It defies the impudent gods
draws boundaries
resolutely rational

When it puffs itself up
becomes coquettish
clamours for rebellion
we shall not submit to its lure
Let one No resist the other
the precise resist the imprecise

Let us use our Yes
sparingly
friendly but hesitant
Once it overwhelms us
it wipes us out

—

Pflichtbewußte Nägel
wollen auf den Kopf getroffen werden
Ambosse sind sie der Unverblümtheit
Märtyrer des pünktlich versetzten Hiebes
Heroen im Dienste von Kühnheit und Kürze
harte Plattköpfe dennoch
deren Schadenfreude keine Grenzen kennt
wenn der verwegene Aphoristiker
sein Ziel verfehlend
mit dem Hammer
die eigenen Finger breitschlägt

—

Responsible nails
demand to be hit on the head
anvils of bluntness
martyrs of the accurately aimed blow
heroes in the service of boldness and brevity
hardened flatheads though
whose malicious glee knows no bounds
when
missing his target
the dare-devil aphorist
manages to flatten his thumb

—

Als Antwort auf die Umfrage
was für ihn
das Wichtigste im Leben sei
nannte Eduard
das Äußern von Meinungen
Dies setze keinerlei Kenntnisse voraus
eine Art sechster Sinn ermögliche ihm
sie spontan und mit Nachdruck von sich
zu geben
er wisse da oft selbst nicht genau
was er sage
wie durch ein Sprachrohr
spreche es durch ihn hindurch
Experten überrumpelnd
Unwissende belehrend
Mit dröhnender Stimme
höre er sich pontifizieren
Erklärungen aus dem Ärmel schütteln
Zensuren austeilen
berauscht von Selbstvertrauen
von der eigenen Courage überwältigt
bis der letzte Gast das Haus verlasse
und er nun
zwischen halbleeren Bücherwänden
dem Echo seiner inneren Stimme nachlausche
ermüdet aber erhoben

—

When asked
what he considered most important in life
Roderick answered
Opinions
To offer them
required no knowledge at all
a kind of sixth sense
enabled him
to express them spontaneously
and with conviction
At times
he'd hardly be aware
of what he was saying
something spoke through him
as if through a mouthpiece
dumbfounding experts
while dazzling the uninformed
Amazed
he'd hear himself pontificate
pull explanations from his hat
pronounce verdicts
intoxicated by self-confidence
overwhelmed by his own courage
until
when everyone had gone
he'd find himself sitting between half-empty
bookshelves
dazed by the echo of his inner voice

—

Anläßlich der Jahressitzung des
Ambivalenzvereins
versammelten sich dessen Mitglieder
im Helldunkel ihrer Klubräume
und schlürften
wenn sie nicht gerade vor Freude weinten
oder vor Kummer laut auflachten
trockene Getränke
Soeben war im Wettstreit oxymoronischer
Kunstschöpfungen
die Entscheidung gefallen
Mit einer an Shakespeare gemahnenden
Wortmacht
hatte Oskar Maria Suppenbeißer
die Süße des Salzes besungen
Ihm hart auf den Fersen
folgte Hugo Gürtelstrumpf
Oberspielleiter der vereinigten Volksbühnen
dessen Darstellung der Zauberflöte
Sarastros Sonnentempel
als eine von Fledermäusen durchflauste
Kata-Katakombe
zu deuten wußte
Einen ehrenvollen dritten Platz
erreichte die Tierbändigerin Brenzel-Friesel
welcher es
nach rastlosen autohypnotischen
Anstrengungen
gelungen war
sich innerlich und äußerlich zu halbieren
Man sah sie als mild lächelnde Löwin (oben)

At the Ambivalence Society's annual assembly
the members gathered
in the chiaroscuro of their club rooms
and sipped
when not weeping with joy
or laughing out loud with grief
dry Sauternes
The result of the Oxymoron Tournament
had just been announced
Jean-Marie Soup-Biter
who
with well-nigh Shakespearean eloquence
had sung the sweetness of salt
emerged supreme
Hard on his heels
came Hugo Belt-Braces
Chief Executive of the Everyman theatre
whose staging of *The Magic Flute*
reinvented Sarastro's Temple of the Sun
as a catacomb infested by bats
Third prize went
to Ms Burn-Freeze
the lion-tamer
who
by dint of unremitting auto-hypnosis
cut herself
internally and externally
in half
from waist up gently smiling lioness
waist down child wife
After handing out the awards

beziehungsweise Kindfrau (weiter unten)
seltsam verquickt dastehen
Nach der Preisverleihung
widmete sich das Ehrenkomitee
mit widerwilligem Eifer
der Planung des Tages der Eindeutigkeiten
eines rahmensprengenden Ereignisses
dessen Durchführung als Masken-
und Kostümfest
zögernd voranzutreiben war

—

the committee of honour turned its attention
with reluctant zeal
to mapping out the day of unequivocal
    meaning
a pioneering event
the realization of which required
to be expedited
with all due hesitation
as a fancy-dress ball

—

Als der Gedanke einer Zwei-
teilung von Leib und Seele
in den Köpfen Fuß faßte
ahnte nicht einmal der Unerfindliche
daß hier ein Kobold
aus der metaphysischen Flasche sprang

Schlagend
müsse nun
die Überlegenheit des ewig Geistlichen
sich erweisen
so meinte
in seiner Einfalt
der Unsägliche

ohne zu bedenken
daß der Leib
mit all seinen Protuberanzen und Schründen
der Wahrnehmung stets verhaftet blieb
die Seele jedoch
sich weder blicken noch riechen ließ

Als der Oberhirte nunmehr
den Spieß umkehrend
seine Seelenschäflein mystisch illuminierte
während alles Leibliche
völlig abhanden kam
erntete dies Zorn und Unmut

Auch der nächste Schachzug des
Unerforschlichen
die geheimnisvolle

When the thought of de-
taching body and soul
took hold in our heads
not even The Unfathomable
would have suspected
that a goblin was about to escape
from its metaphysical bottle

As The Unnamable naively concluded
the supremacy of the spiritual
would thus be overwhelmingly revealed

without considering
that the body
with all its warts
remains forever tied to perception
while the soul
can neither be seen nor smelt

When
subsequently
The Good Shepherd
decided to turn the tables
and mystically illuminated his spiritual flock
while everything corporeal
disappeared without trace
anger and indignation erupted

Likewise
The Impenetrable's next move
which contrived to bring the mysterious
immortality-reeking substance

im Geruch der Unsterblichkeit stehende
Substanz
durch einen Zusatz von Schwefel
den Sinnen näherzubringen
prallte auf Widerstand

Ein Ende dieses
in den Katakomben der Gewohnheit
festgeketteten
Zustands
wäre
so befürchten wir
selbst dann nicht zu erwarten

Wenn es dem Teufel gelänge
den Leib-Seele-Konflikt
gänzlich aus dem Handel zu ziehen

—

closer to the senses
by adding a pinch of sulphur
encountered stiff resistance

An end to this state of affairs
firmly chained
as it was
to the catacombs of habit
can scarcely be envisaged

even if the devil managed
to take the body-soul conflict
off the market
once and for all

—

Im Streit der Bärtigen mit den Bartlosen
bemühen sich die Bärtigen
den Bartlosen Bärte umzuhängen
während die Bartlosen ihrerseits versuchen
mit Hilfe langer Scheren
den Bärtigen
ihre Bärte abzuschneiden
Die unverhüllte Schaustellung des Gesichts
ist allen Bärtigen zuwider
das Verschwinden des Gesichts hinter
der Haartracht
allen Bartlosen grundsätzlich verhaßt
Seit der Erschaffung des Menschen
so verkünden die Bärtigen
diene der Bartwuchs
ausdrücklich der Verhüllung von Blößen
zu denen das Gesicht
fraglos zu zählen sei
Der Anstand gebiete es
die Gesichter der Mitbürger
schonend hinter Bärten zu verbergen
Weit gefehlt
erwidern die Bartlosen
die Entblößung der Physiognomie
befreie die Welt von Trug und Täuschung
Bartlos
stünde das Gesicht für sich selbst ein
mutig gebe es seine Züge preis
ein Altar der Aufrichtigkeit
dem die Herzen entgegenschlügen
Im Verlauf der Kampfhandlungen
haben sich die Fronten

In the ongoing feud
between the bearded and the beardless
the bearded
strive to fasten beards on the beardless
whereas the beardless
with the help of enormous scissors
do their utmost
to remove the bearded's beards
Exposing the face
nauseates the bearded
concealing it
offends the beardless beyond measure
The beard
according to the bearded
has forever served
to veil areas of nudity
among which the face undoubtedly figures
Decency demands
that the faces of our fellow citizens
be concealed behind beards
Bunkum
cry the beardless
It is by baring the face
that the world is freed from deceit
    and deception
Beardless
the face speaks for itself
an altar of sincerity
to which our hearts go out
In recent skirmishes
positions seem to have hardened
One hears of horsehair

neuerdings verhärtet
Man hört von Bärten aus Roßhaar
mit Tischlerleim
den Bartlosen aufgekleistert
Kein Wunder
daß die Gegenseite sich dazu entschlossen hat
den Bärtigen
ihre Bärte kurzerhand auszureißen
Der Fortgang der Feindseligkeiten
wird von allen Barbieren und Haarkünstlern
mit Spannung verfolgt

—

glued on the beardless
while the foe
replying in kind
rids the bearded of their beards
by ripping them out
Events
are being closely monitored
by barbers and hairdressers

—

In der Kontroverse
um die Abschaffung oder Beibehaltung
von Türen im Wohnbau
verfügten beide Seiten
über starke Argumente
Ohne Türen
sagten die Pragmatiker
sei man Wind und Wetter
Lärm und Qualm
hilflos ausgeliefert
Durchblicke in andere Räume
lenkten das Auge auf Unerfreuliches
Das Belauschen von Telefongesprächen
sei ebenso unvermeidbar
wie das Inhalieren von Küchen- und
Zigarrendunst
oder das Anhören von Weihnachtsliedern
Großräume öffneten den Aggressionen
bildlich gesprochen
Tür und Tor
wobei zu bedenken sei
daß eine einzige geschlossene Tür
oft längst nicht genüge
um vor den Unbilden seiner Umgebung
Schutz zu finden
Die Vernunft gebiete daher
sich dem Leitsatz und Kampfruf
Zurück zur Doppeltür
zu verschreiben
Das idealistische Lager argumentierte dagegen
es führe die Abschaffung trennender Elemente
Menschen zwangsläufig zueinander

In the bitter dispute
over the abolition or preservation
of doors in residential buildings
both parties presented powerful arguments
Without doors
explained the pragmatists
you find yourself at the mercy
of noise and smoke
wind and weather
When staring into adjacent rooms
tedious things
are bound to meet the eye
Eavesdropping on telephone calls
appears no less unavoidable
than being exposed to kitchen smells
or the whine of Christmas carols
Figuratively speaking
spacious interiors
open the door to aggression
whereby it should be borne in mind
that a single closed door
proves far from adequate
to shield us from the hardships of the world
Common sense therefore
requires us to endorse
the slogan and battle cry
Back to the double door
The idealists however insist
that abolishing doors
incontestably encourages human contact
It promotes community life
and inspires architects

ja bedinge geradezu das Gemeinwesen
Sie stähle aber auch
Körper und Sinne
und inspiriere Architekten
zu ungeahnten Raumvisionen
Offene Türen
müßten fortan
nicht mehr eingerannt werden
Auch der Torschlußpanik
wäre gleichsam ein Riegel vorgeschoben
sofern man sich entschlösse
das Haustor ebenfalls zu entfernen
Nach menschlichem Ermessen
zöge solcher Türenverzicht
eine gewaltige Zunahme an Naturverbundenheit
    nach sich
die allerdings durch den Verzicht auf Fenster
noch weiter voranzutreiben wäre

Dergleichen Einwände
von der Partei der Öffnung vorgebracht
fanden leider nicht
das Gehör der Mehrheit
So wurde denn
unter dem verzweifelten Protest
    fortschrittlicher Kräfte
das Offenstehen Klappen oder krachende
    Zufallen von Türen
mit Geldstrafen belegt
und eine Utopie
zu Grabe getragen

---

to design the undreamt-of
What is more
there would henceforth be no need
for open doors being broken down
or people succumbing to claustrophobia
provided that front doors
would also be dispensed with
As far as can be ascertained
such doorlessness
should strengthen one's bond with nature
an intimacy to be further enhanced
by having the windows removed

Such objections by the abolitionists
did not
unfortunately
sway the majority
Thus it was
that
to the desperate protestations of the
avant-garde
those who left doors open
or slammed them shut
were fined
and a utopia
laid to rest

—

Mit einer in der Geschichte des
Kunsttourismus beispiellosen
Beharrlichkeit
entzieht sich die letzte unentdeckte
romanische Landkirche
auch weiterhin dem Zugriff der Reisenden
In einer Bergschlucht des Unteroberallgäus
bietet sie
als Brauerei getarnt
dem verzweifelt herumirrenden
Architekturliebhaber
kühle Labung
Das Biermaß in der rechten Hand
durchforstet er mit der Linken die Spalten des
Reiseführers
ohne zu ahnen
daß wenige Armlängen entfernt
die haarsträubendsten Auswüchse
mittelalterlicher Reliefplastik
ungestört dahindämmern
Verborgen hinter Bierfässern
künden die schlummernden Kapitelle
vom Sieg des Unglaubens
schildern erbarmungslos
den Untergang der apostolischen Macht
und illustrieren anschaulich
die Vertilgung hilfloser Heiliger durch
Drachen und Dämonen
Ratlos wandert der Finger über die Landkarte
während sich aus den gespitzten Mäulern der
ehemals gotischen Spundlöcher
das Bier der Schaum das Vergessen
in Becher und Krüge ergießt

With a doggedness
unique in the history of cultural tourism
the last undiscovered Romanesque church
continues to avoid detection
Disguised as a brewery
in a mountain ravine near the Unteroberallgäu
it offers the parched lover of architecture
cool refreshment
A pint of beer in his right hand
he runs the fingers of his left
down the columns of his guide
unsuspecting
that a few arm-lengths away
the most hair-raising excesses of medieval
relief sculpture
lie undisclosed
Somnolent capitals
hidden behind barrels of beer
announce the victory of unbelief
depict without mercy
the demise of apostolic power
and illustrate graphically
the extermination of hapless saints by
dragons and demons
Perplexed
the tourist's finger wanders over the map
while from the pointed maws of erstwhile
gargoyles
the beer the foam the oblivion
cascade into goblets and mugs

—

Wo sitzt sie denn heutzutage
die Seele
im Steiß sagst du
ausgeschlossen
da sitze bereits ich
man kann doch nicht
auf seiner eigenen Seele sitzen
Vielmehr ist es die Seele
die sitzen soll
gut sitzen wie ein Maßanzug
wie ein Gebiß
sattelfest
eine stabile Seele
die nicht
wie meine
ständig herumrutscht
von der Zirbeldrüse
in die Lunge
vom Magen
in die Niere
noch ein kleiner Rutsch
was hat denn die Seele
da unten zu suchen

—

Where
these days
is the seat of the soul
In the buttocks you say
Balderdash
that's where I sit
no one squashes their soul by sitting on it
It's surely the soul
that has to sit
and fit
like a Savile Row suit
like false teeth
safely installed
a stable soul
that doesn't shift around
like mine
from the pineal gland
into the lungs
from the stomach
into the kidneys
one more push
What the devil
is it up to
the soul
down there

—

Es genügt nicht
sich breitzumachen
Man muß sich
zugleich auch zuspitzen
verdünnen
ja spurlos verflüchtigen
Man festige sich
doch versäume man ja nicht
sich gleichzeitig zu verflüssigen
nach allen Seiten auseinanderzulaufen
oder
ein kleines Rinnsal
zu versickern

Das feinste vornehme leise Sprechen
wäre das Schweigen

(An Jean Paul)

—

Merely expanding won't do
let us taper ourselves as well
be rarefied
even evaporate
without a trace

By all means consolidate
but don't fail simultaneously to dissolve
liquefy
a minute drizzle

The most sophisticated way
of speaking softly
is silence

(To Jean Paul)

—

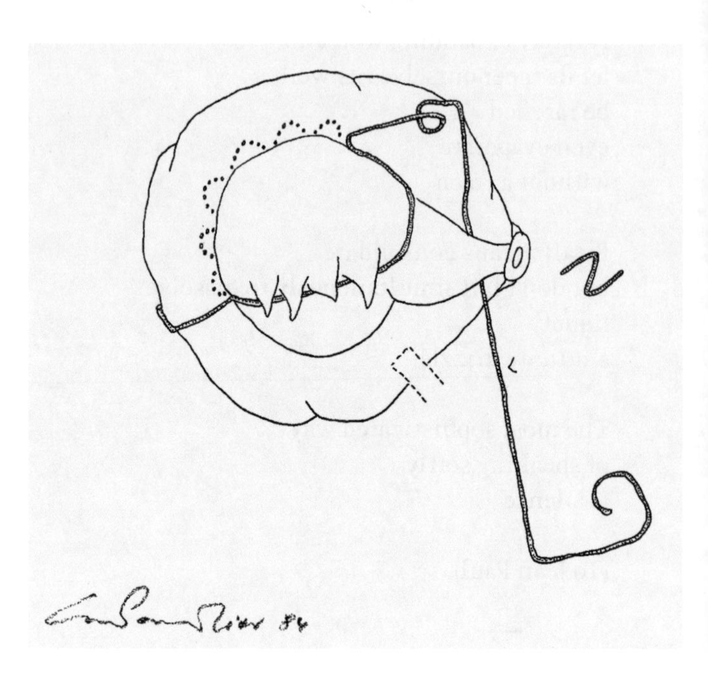

Untitled, Oskar Pastior (1927–2006)

SHORT AND SHARP
KURZ UND KLEIN

Madre mia
murmelte Meyerbeer
als Maria Malibran
in einem maßlosen Moment
Metastasio
mit dem Messer entmannte

—

Lopatnikoff lallt
    Lourié lästert
    Liadow lahmt
    Langsam verludert Liapunow

—

Als Brahms nachhause kam
schüttelte er den Staub von seinen Schuhen
setzte sich an den Flügel
und spielte so leise
daß selbst die Mäuse es nicht vernahmen
Nach dieser ungewöhnlichen Anstrengung
fuhr er sich über die Nase
fütterte seine Kanarienvögel
und ließ sieben gerade sein

—

Madre mia
murmured Meyerbeer
when Maria Malibran
in a moment of madness
emasculated
Metastasio
with a machete

—

Lopatnikoff lurches
    Lourié languishes
    Liadow limps
    Lugubriously lingers Liapunow

—

When Brahms came home
he wiped the dust from his shoes
sat down at the piano
and played so softly
that even the mice couldn't hear
After this unwonted exertion
he stroked his nose
fed his canaries
and let things be

—

Als Brahms sich in den Finger gebissen hatte
sagte er mit seiner hohen Kopfstimme
Ein netter Mensch beißt sich nicht Johannes
Dann steckte er den Finger in seinen Bart
der sich langsam rötlich färbte

—

Als Einstein
im Himmel angelangt
sah
daß Gott würfelte
drehte er sich um
und sagte
Wo gehts hier zur Hölle

—

When Brahms
bit his own finger
it was Billroth
Professor Billroth
who told him sternly
Nice people
don't bite themselves Johannes
whereupon Brahms
stuck the bleeding finger
into his beard

—

When Einstein
having arrived in Heaven
saw God throwing dice
he turned about and said
To Hell

—

In Plotzk an der Weichsel
erschien am 5. Januar 1809
weithin sichtbar
der Teufel
und legte
wie Ernst Theodor Amadeus Hoffmann richtig
vermutet hatte
seinen Schwanz auf alles

—

Nein
wir wollen gezielt lachen
aphoristisch
der Konvulsionen Herr werdend
abgezirkelt
noch im kleinsten Triller

—

In Plotzk on the Vistula
the devil
visible to all and sundry
appeared on 5 January 1809
and laid
as Ernst Theodor Amadeus Hoffmann
    had anticipated
his tail over everything

—

No
to laugh purposefully
is our aim
controlling our convulsions
with meticulous care
down to the tiniest trill

—

Im Fahrstuhl aller Fahrstühle
fährt
samstags und sonntags
bei schlechtem Wetter
der Allmächtige
RAUFUNDRUNTER
RAUFUNDRUNTER

—

Im Zeichen der Eintracht
spielen wir heute
mit einem Finger
den einzigen Ton
der uns eint
einmal

—

Upanddown
Upanddown
rides the Almighty
in the elevator
of all elevators
on rainy weekends

—

To demonstrate our unity
we shall play
with one finger
the one note
that unites us
once

—

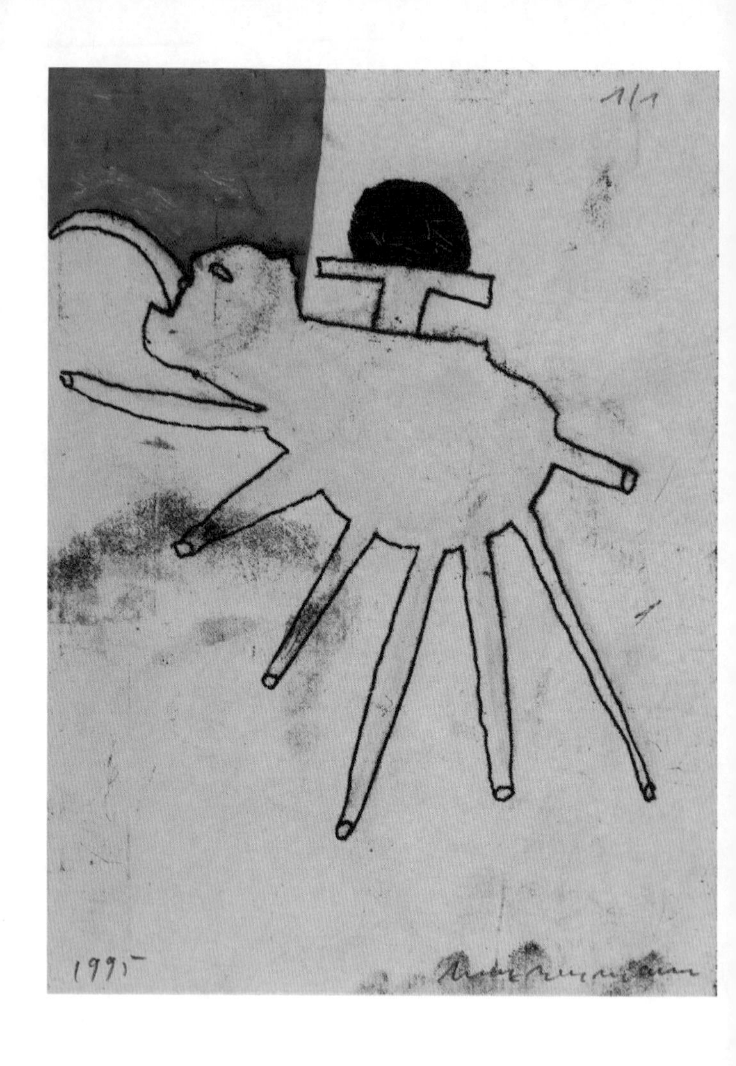

Untitled, Max Neumann (b. 1949)

SENSE AND NONSENSE

SINN UND UNSINN

Jetzt beginnen wir
mit dem lyrischen Urknall
der ohrenbetäubenden Ursache
ungezählter lyrischer Galaxien

wobei wir nicht vergessen sollten
daß auch dieser Urknall
nur einen von vielen
denkbaren ja durchaus wahrscheinlichen
Urknällen in einem bodenlosen
lyrischen Universum darstellt

wobei zu beachten ist
daß jeder dieser Urknälle
voneinander abweichende
ja völlig unähnliche
lyrische Universalgesetze
ins All schleudert

wobei noch hinzuzufügen wäre
daß jedes dieser Universalgesetze
bereits seine poetische Negation mit
einschließt

woraus hervorgeht
daß selbst das zärtlichste Gedicht
sei es freischweifend oder prosodisch
als Echo kosmischer Katastrophen
wahrgenommen werden darf

—

We shall now turn our attention
to the lyric big bang
the ear-splitting source
of countless lyric galaxies

Which means we have to bear in mind
that any particular big bang
is bound to be
only one of many conceivable
if not perfectly plausible
big bangs
within a bottomless lyric universe

Which means it should be taken into account
that each of these big bangs
must hurl universal
albeit diverse
if not downright incompatible
laws of poetics
into orbit

Which means it ought to be acknowledged
that each of those universally relevant
    strictures
already contains its own negation
Which ultimately means
that even the most affectionate poem
whether free-wheeling or prosodic
may be classified as an echo
of cosmic catastrophe

—

Sinnig wollen wir sein
gleichwohl unsinnig
sinnvoll
obschon voller Unsinn

Uns quillt der Unsinn
aus allen Sinnen
unsinnlich hingegen
bröckelt der Sinn

es sei denn
er besönne sich
und quölle lieber sinnlich
während der Unsinn
sich beunsinnend
nun seinerseits unsinnlich quölle
oder vielmehr bröckelte

—

Let's make sense
albeit nonsense
be sensible
yet nonsensicle

Our nonsense
pours from all our senses
a-sensuously though
crumbles our sense

unless
changing tack
it might relish
gushing sensuously
while our nonsense
turning nonsensible
might gush a-sensicly
if not crumble

—

Müßiges Thema/3 Versionen

1. Klarzustellen wäre
warum die Dinge
so und nicht anders sich ereignen
Welche Behörde
uns zu gängeln versucht
das möchten wir
als gute Staatsbürger und Anarchisten
nun endlich aufklären

Der Gefahr ungeachtet
daß eine solche
längst überfällige
Klärung der Verhältnisse
nichts weiter bewirkte
als vermehrte Klarheit
wollten wir diese
im Dienste von Vernunft und Aufklärung
willkommen heißen

Einen zusätzlichen
nicht zu verachtenden Gewinn
böte uns die Möglichkeit
der verantwortlichen Instanz
eine Kanonenkugel ins Gesicht zu schießen

Pointless Theme / 3 Versions

1. Why things happen as they do
this is
what we have to find out
Which authorities
seek to spoon-feed us
that
as good citizens and anarchists
we would like to reveal
once and for all

Notwithstanding the danger
that such an overdue clarification
might generate nothing
but increased clarity
we'd still welcome it
in the name of enlightenment and reason

As an additional
not to be scorned bonus
we could target our guiding authority
and fire a cannon
straight in its face

2. Warum hier seit jeher
alles so läuft wie es läuft
welches Wesen
oder gottbehüte Unwesen
sein loses Spiel mit uns treibt
dies klarzustellen
sei uns nun endlich vergönnt

Das Risiko
es möchte eine solche Klärung
nichts weiter bewirken
als einen Zuwachs an Klarheit
wollten wir
als gute Anarchisten und Staatsbürger
mit Fassung tragen

winkte uns doch in der Folge
die willkommene Gelegenheit
der verantwortlichen Instanz
unsere eigene Niedertracht
in die Schuhe zu schieben

2. Why
from time immemorial
everything here has run as it has
which creature
or godforbid monster
has chosen to play around with us
this
we should now attempt to establish
once and for all

The risk
that such clarification
might bring about nothing
but increased clarity
we
as good citizens and anarchists
would be willing to accept
with perfect composure

considering
that it would give us the chance
of blaming *them*
for all the depravity
in ourselves

3. Es ist nun endgültig zu klären
was hier klarzustellen ist

Sofern diese Klärung
nichts weiter bewirkte
als vermehrte Unklarheit
wollten wir Kleriker und Klarinettisten
dies dennoch
verklärt
ins Gegenteil verkehren

—

3. It is now time
to
once and for all
make utterly clear
what needs to be clarified

Provided this clarification
cause nothing but an increased lack of clarity
we clerics and clarinettists
shall find it wholly appropriate
to turn clairvoyant

—

Das Einmaleins
ist nicht leicht zu erlernen
solange die Ziffer 2
sich wie eine 7 aufführt
die 6
zeitweise kopfstehend
der 9 das Wasser abgräbt
und die Rundungen der Dreier und Achter
nahezu identisch gebauscht
das Auge verwirren
Mit den verbliebenen
Vierern Fünfern und Einsern
ist kein Staat zu machen
bestenfalls ein numerisches Krähwinkel
oder eine arithmetische Bananenrepublik
denn wir dürfen die Nullen nicht vergessen
die länglich und bananenhaft
wie gezogene Säbel
das Papier bevölkern
hellgelb koloriert

—

Multiplication tables
are not easy to learn
as long as the 2
behaves like a 7
the 6
standing on its head
leaves the 9 high and dry
and the curves of the threes and eights
billowing in almost identical fashion
confuse the eye
The remaining
fours fives and ones
will not set the Thames alight
at best a provincial backwater
or an arithmetical banana republic
for we should not forget the noughts
which oblong and banana-like
and coloured bright yellow
swarm across the paper
like drawn sabres

—

Der Gottsöberste
da hockt er immer noch
in einem seiner Schwarzen Löcher
und brütet Unsinn
Was bastelt er denn gerade zusammen
ein paar Milchstraßen
oder bloß einen neuen
schlecht funktionierenden Zweibeiner
Manchmal saugt er sich ein ganzes Universum
aus den Gichtfingern
dann lacht er schallend
leckt sich die Lippen
und droht uns mit dem goldenen Fingernagel
Natürlich gibt es ihn keineswegs
aber wir halten ihn trotzdem hoch
unsere allerhöchste Zielscheibe
Irgendwo
müssen wir ja hinschießen
oder hinlieben

—

Look
how the Chief of Chiefs
carries on squatting
in one of his Black Holes
ready to hatch some inanity
What will it be this time
a few galaxies
or merely a new
badly functioning biped
Now and then
he sucks an entire universe
from his gouty fingers
then he laughs his resounding laugh
licks his lips
and threatens us with his golden fingernail
Of course
he isn't real
but we still exalt him
our supreme target
After all
we need something to shoot at
or love

—

Elephant, Edward Gorey (1925–2000)

73/95
Edward Gorey

Die sizilianischen Zwergelefanten
sind wieder da
Im Gänsemarsch durchqueren sie
Rüssel an Schwanz
die Katakomben Palermos

Ihr Comeback
nach fünfhunderttausend Jahren
hat der sizilianischen Klavierindustrie
Aufwind gegeben
Der sog. Clayderman-Flügel
der es selbst Kindern und Hausfrauen
    ermöglicht
Sexten mit einem Finger zu spielen
ist auf dem besten Wege
den Elfenbeinmarkt zu unterwandern

—

The Sicilian pygmy elephants
have resurfaced
In single file
they roam
trunk to tail
the catacombs of Palermo

Their comeback
after five hundred thousand years
has given the Sicilian pianoforte industry
a second wind
The so-called Clayderman Grand
which allows even children and housewives
to play sixths with a single finger
appears destined
to undermine the ivory business

—

Der Fensterlputzer
sprach zum Dacherldecker
Wenn erst der Rauchfängleinkehrer da ist
dann wird dir
auf deinem Dacherl da oben
schon noch das Lachen vergehen
Worauf der Dacherldecker
ein Ziegelein fallen ließ
genau auf das Kopferl
des Fensterputzerls
welch letzterer
vor lauter Schreckerl
kein Mückslein
mehr hervorbrachte

—

The wee window cleaner
spoke to the wee roofer
Wait till the wee chimney sweep comes
then you'll stop laughing
up there on your wee roof
Whereupon the wee roofer
dropped a wee tile
right on the wee head
of the wee window cleaner
who
from sheer fright
kept as quiet
as a church mouse

—

Wir wollen nun
ungeachtet der damit verbundenen Mühsal
die große Zehe des linken Fußes
in den rechten Mundwinkel schieben
und in sie hineinbeißen
eine Anstrengung
die der Wirbelsäule
zumal ihren untersten
ins Hüftbein mündenden Ausläufern
die ersehnte Gelegenheit bietet
sich laut knackend zu entkrampfen

Seht
wie die Last von Jahrzehnten
von uns abfällt
während wir
Säugling und Amme zugleich
auf gerundeten Rücken
uns selbst in den Schlaf wiegen

—

We shall now
notwithstanding the concomitant exertion
place the big toe of the left foot
in the right corner of our mouth
and bite it
an achievement
which will afford the spinal column
and its sacroiliac connections
the longed-for opportunity
of easing tension
with a loud clunk

Behold
how the burden of decades
evaporates
while we
infant and wet-nurse in one
rock ourselves
on rounded backs
to sleep

—

Nasenpest

Aus allen Richtungen kommen sie
bohren sich in die Baumstämme
klatschen auf die Dächer
oder hüpfen wie Vögel über den Balkon

Wie rötliche Schnecken
lugen sie aus den Blumenbeeten
kriechen an den Hauswänden empor
oder schmücken
in Übergröße
als blaugeäderte Hügellandschaft den
    Fußballplatz

Durch ihre länglichen Öffnungen schreiten
    wir
vielnasig
in purpurne Kathedralen hinein
und beschnüffeln uns
bevor wir
von der olfaktorischen Last gefällt
die Atemwege bedecken
wie kleine rosige Polypen

—

Noses

From all directions
they fly
burrowing into tree-trunks
thwacking into rooftops
or hopping like birds along the balcony

Like reddish snails
they peer out of flower beds
creep up house walls
or adorn
horrendously puffed up
the soccer pitch
a landscape of blue-veined hilltops

Solemnly
we enter their elongated orifices
step multi-nostrilled
into purple cathedrals
and sniff around
before
felled by the olfactory burden
we block the respiratory ducts
like small pink adenoids

—

Wenn die Haare grün werden
ist man zu lange im Grünen gewesen
Es empfiehlt sich
Felslandschaften aufzusuchen
Sandwüsten oder das Stadtinnere
Wer meditieren will
setzt sich in ein Ruderboot
und rudert geduldig im Kreis herum
einen Spiegel in der Hand
die gerade nicht rudert
Sollte sich nichts verändern
genügt es
den Kopf einzusalzen
das gebietet der musikalische Anstand
Weißhäuptig
thront man auf dem Podium
ein nobler Salzkopf
Spielen sie nur recht forsch
dann klatscht jemand

If your hair turns green
you've spent too much time in Greenland
a spell in the Rockies
commends itself
or deserts or city centres
Those who need to meditate
should step aboard a rowing boat
and row around a little
a mirror in one hand
if there be a hand
that's not rowing
Should nothing change
it would suffice
to salt your head
this we owe
to musical decorum
With white locks flowing
you'll cut a dash on the podium
a noble salthead
As long as you play with panache
someone might clap

—

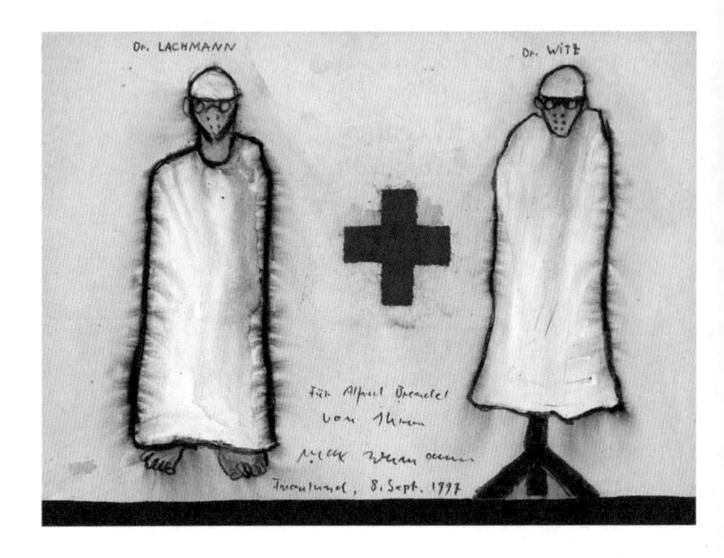

Dr Lachmann and Dr Witz, Max Neumann (b. 1949)

LAUGHMAN AND WIT
LACHMANN UND WITZ

Mein Name ist Lachmann
Firma Lachmann und Witz
Womit kann ich dienen
Ein Hochzeitslachen
das finden Sie auf Seite 7 der Preisliste
Glückliches Gelächter gehört zum
 Schwierigsten
nur wenige von uns
treffen da den richtigen Ton
Wenn ich Ihnen vorlachen darf

Gestatten die Frage
ob Sie selbst der Bräutigam
Uh haha
da bin ich aber ins Fettnäpfchen getreten
Ich beginne zu begreifen
Störendes Lachen während des Jaworts

Auch darin haben wir Erfahrung
Darf es gellend sein
oder eher sarkastisch
jedenfalls unpassend wir verstehen uns
und kurz
ich rate zur Kürze
etwa folgendermaßen
erlauben Sie mir
ha-ha

My name is Laughman
from Laughman and Wit
What can I do for you
For nuptial laughter
see page 7 of our price-list
Happy laughter is a tricky business
only a few of us
can hit the right note
May I laugh you a sample

Permit me to ask
are you the groom yourself
O Lord
my profuse apologies
I'm starting to understand
what you're after
Inappropriate laughter
during the I do

There too
we've got experience
Do you prefer it strident
or sarcastic
inapposite at any rate
we're agreed on that
and brief
I do urge brevity
something like this
if you'll permit
haha

Ein unvergeßlicher Eindruck für das Brautpaar
Natürlich fällt das in unseren Sondertarif
Gefahrenzulage Seite 8
Vielleicht könnte mich der Organist
mitnehmen
als Umblätterer auf die Empore
ein paar Lacher eventuell schon beim
Hochzeitsmarsch
in die Kirche hinunter

Nein Sie haben ganz recht
das ließe die Katze aus dem Sack
Also Montag 10 Uhr mit Blumenstrauß
CD wird nachgeliefert
oder wünschen Sie DVD

—

An unforgettable experience
for bride and groom
Naturally
it requires our special tariff
see page 7 for danger rates
Perhaps the organist
could take me along
up into the organ loft
as a page turner
A salvo of laughter during Wagner's
    Wedding March
into the church below

No you're quite right
that would let the cat out of the bag
Till Monday at twelve then
The CD will follow later
or do you prefer DVD

—

Ob man lachen darf
lachen oder kichern
worüber
bei welcher Gelegenheit
etwa bei Begräbnissen
das wäre ebenso falsch
wie geschmacklos
bei Staatsakten
Fastenpredigten
kaum ein Lächeln
beim Liebesakt
das geht ja gar nicht
entweder man lacht
oder man liebt

Komisch muß etwas sein
dann lache man

aber wie man lacht
das Wie des Lachens
ist wichtig
ausschlaggebend
eine ganze Lachskala
ist da zu entfalten
unterdrückt bis dröhnend
manchmal hämisch
aber immer herzlich

Rücksichtsvoll sei das Lachen
weder schrill noch schnarchend
verlegen
das macht sich gut

Should one laugh
laugh or giggle
at what
on what occasion

During funerals
would be obviously wrong
and tasteless
during sermons trials acts of parliament
not even a smile
during sex
that's hardly feasible
either you make love
or you laugh

When something IS funny
by all means laugh

but the way you laugh
is essential
all-important
a whole repertoire
must be developed
from snigger to roar
the tone
occasionally spiteful
yet always hearty

Considerate
it ought to be
neither shrill nor snorting
embarrassed

bei einer Dummheit ertappt werden
sich geschickt herauslachen
wirkt entwaffnend

Man muß es richtig dosieren
das Lachen
vom einzelnen knappen Ha
bis zu Lachsalven Lachtränen Lachkoloraturen
Nur albern darf es nicht sein
da hüte man sich
wer nähme einen da noch ernst
da würde man ja
ausgelacht

—

always goes down well
Laughing your way
out of blunders
is always disarming

The right dose though
is crucial
from a terse huh
to tears peals scales
Be sure however
not to laugh yourself silly
you might end up
a laughing-stock

—

Die Lachkonserve
ich gestehe es frei
ist einzig und allein
meine Erfindung

Wo auch immer
ein unsichtbares Publikum
in Gelächter ausbricht
rollen die Pfennige

Nach ersten Selbstversuchen
gelang mir
im Probejahr des Lachvereins
der Aufstieg in die oberste Lachgruppe

Noch heute
gebietet mir mein Stolz
bei Gruppenlachproduktionen
persönlich mitzulachen

Humoristen jeder Art
haben sich längst
uns Lachtechnikern
in die Arme geworfen

Selbst ein Thomas Bernhard
hat seine Bühnenstücke
erst nach lachtechnischer Absegnung
dem Burgtheater anvertraut

Canned laughter
I freely confess
is my baby
mine alone

Wherever
an invisible audience
bursts into laughter
I hear the jingle of coins

After solitary experiments
they promoted me
during my probationary year at laughter school
to the top class

Even today
pride compels me
to personally join
in group laughter productions

Humorists of every persuasion
have long since
thrown themselves
on us laughter strategists

Thomas Bernhard for one
entrusted his plays to the Burgtheater
only after securing the collaboration
of our staff

Komikern
ist es nunmehr in die Hand gegeben
sich per Knopfdruck
mit Gelächter zu versorgen

Um die Autonomie des lachtreibenden
Gewerbes
weiter zu befördern
stellte ich neben das Dosengelächter
zusätzlich den Dosenapplaus

Nach Belieben aufbrandend
und mit Bravorufen gewürzt
macht er den Beifall der Anwesenden
schlechthin überflüssig

Leider wurden letztlich
auch ferngesteuerte Huster
von epidemischem Ausmaß
dem Kunstereignis aufgezwungen

Eine Entwicklung
ist hier in Gang geraten
die die Schwelle des Vertretbaren
zu überschreiten droht

—

Comic actors
are now privileged
to avail themselves of laughter
at the touch of a button

To further promote the autonomy
of laughter-dependent professions
I succeeded in additionally inventing
canned applause

Surging ad libitum
and spiced with cries of bravos
it renders an audience's live approval
superfluous

Regrettably
remote-controlled coughing of epidemic
proportions
has of late
usurped the artistic experience

Here
a trend has been unleashed
which threatens to overstep
the bounds of propriety

—

Als Otto anrief
hatte ihn der Lachverein
soeben vor die Türe gesetzt
Es widerstrebe ihm nun einmal
so erklärte er mir
auf Befehl zu lachen
den Tonfall des Vorlachers im Ohr
der überdies
in den Lachkursen
nach Kapellmeisterart
die Einsätze erteilte
darüber hinaus
Charakter und Heftigkeitsgrad des Lachens
mit der linken Hand
zu übermitteln verstand
beim sogenannten Raubtierlachen
gar beide Arme in der Luft schüttelte
sodann herzlich lachend
sich ans Herz griff
schließlich zum Zeichen lautlosen Gelächters
den eigenen Mund zuhielt
Er
Otto
lache grundsätzlich von der Leber weg
Zur Bekräftigung
prustete er los wie ein Truthahn

—

When Otto rang
he had just been banned
from his Laughing Club
To laugh to order
Otto explained
went against all he stood for
His ears
still rang with the instructor's laugh
who
during the mirth class
cued each participant like a conductor
indicating character and force of laugh
with the help of the left hand
shaking both arms above his head
for the 'predator's laugh'
for raucous laughter
touching his left breast
and
for silent smirks
covering his mouth
His
Otto's
laugh
remained spontaneous
To prove his point
he blasted off like a turkey

—

Am Ende eines harten Arbeitstages
gönnte sich der Lachforscher einen Cognac
Endlich war der Coup gelungen
die Videoaufzeichnung einer Kongregation
welche
von ihrem Prediger ermutigt
in Lachkrämpfe ausbrach
sich in Lachorgien
auf den Kirchenfliesen wand
schönster Beweis dafür
daß Gott ein Humorist sei
und Lachen gesund
Fast
hätte es ihn selbst erwischt
Wie gerne hätte er mitgelacht
doch hielt ihn sein Berufsethos in Schach
Lachforscher lachen nicht
Die Anstrengung
saß ihm immer noch in den Gliedern
Nun aber
im Frieden seiner vier Wände
drängte es ihn
den Videofilm ungestört abzuspulen
Vorsorglich
legte er sich bereits auf den Teppich
damit er nicht auf den Hinterkopf fiel

At the end of a gruelling day
the ridologist
treated himself to a Cognac
At last
he had accomplished his goal
of filming a congregation
which
spurred on by the preacher
fell about in the flagstoned aisles
convulsed with laughter
perfect proof
that God was a humorist
and laughter
good for the soul
As for himself
it was a close shave
How he would have loved to laugh along
but professional pride
held him in check
Ridologists do not laugh
The strain of eschewal
still ached in his bones
Now however
in peaceful domestic seclusion
he could scarcely wait
to savour the video undisturbed

wenn das Lachen ihn
quietschend vielleicht
oder mit spitzen Schreien
übermannen würde
wie ein verborgenes Laster

—

As a precaution
he lay down full length on the carpet
lest he damage the back of his skull
when
squealing
or screeching with mirth
he toppled over
consumed by laughter
as if succumbing
to a secret vice

—

Wo kommt das her
von oben
nein vom Nachbarn
eine Art Wimmern
dazwischen scharfe Schläge
jetzt sickert es durch den Türspalt
würmelt braunrot
über den Teppich
Lachen
weiblich
ein Lachkrampf
der Ton einer Sirene
schnell hinaus hier

—

Where does that come from
from above
no from the neighbour
a sort of whimper
punctuated by sharp blows
now it's seeping beneath the door
worming its way
reddish brown
across the carpet
Laughter
female
paroxysms of laughter
the wail of a siren
let's get out of here

—

Lachend
sprang er aus dem Leib der Mutter
zum Vergnügen der Hebamme
die ihn in der Luft auffing
Lachend durcheilte er Schulklassen
    und Kasernen
durchmaß er den Krieg
Lachend unterwarf er sich das Land
wobei sich in sein Gelächter
ein sardonischer Ton einschlich
Als auf seinen Lippen
unversehens das Lachen erstarb
rebellierte das Volk
Allzugern hätte man ihn
lachend sterben gesehn

He sprang
from his mother's body
laughing
cheered on by the midwife
who caught him in mid-air
He rushed through classrooms and barracks
laughing
swept through wars
Women loved him
as he somersaulted
laughing
into their lap
Laughing
he subjugated the country
his laughter
acquiring a sardonic note
When
unannounced
he stopped laughing for good
his subjects rebelled
Too many
had wanted to watch him die
laughing

—

Untitled, Max Neumann (b. 1949)

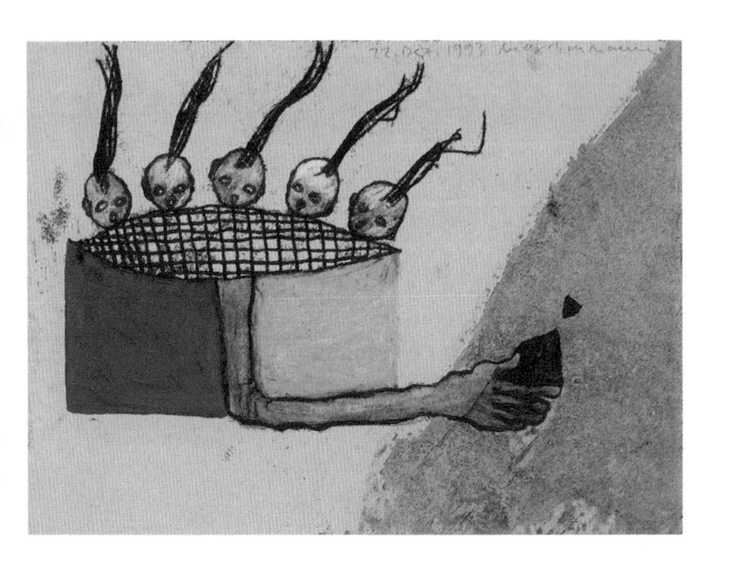

Vor dem Urknall
gab es hauptsächlich Kästchen

Die Welt vor dem Urknall bestand
von ein paar Kügelchen abgesehn
lediglich aus Kästchen

In den Kästchen war
über eine Million Lichtjahre hinweg
gar nichts

Dann füllten sich die Kästchen
aus ungeklärter Ursache
langsam aber sicher
mit Dynamit

Die Welt vor dem Urknall
war wohlgeordnet

Manchmal lachte schon jemand

—

Before the big bang
there were little boxes

The world before the big bang consisted
apart from a few little spheres
exclusively of little boxes

In the little boxes
there was
for millions of light years
absolutely nothing

Then the little boxes
for unexplained reasons
slowly but surely
filled up with dynamite

The world before the big bang
was well-ordered

At times
somebody laughed

—

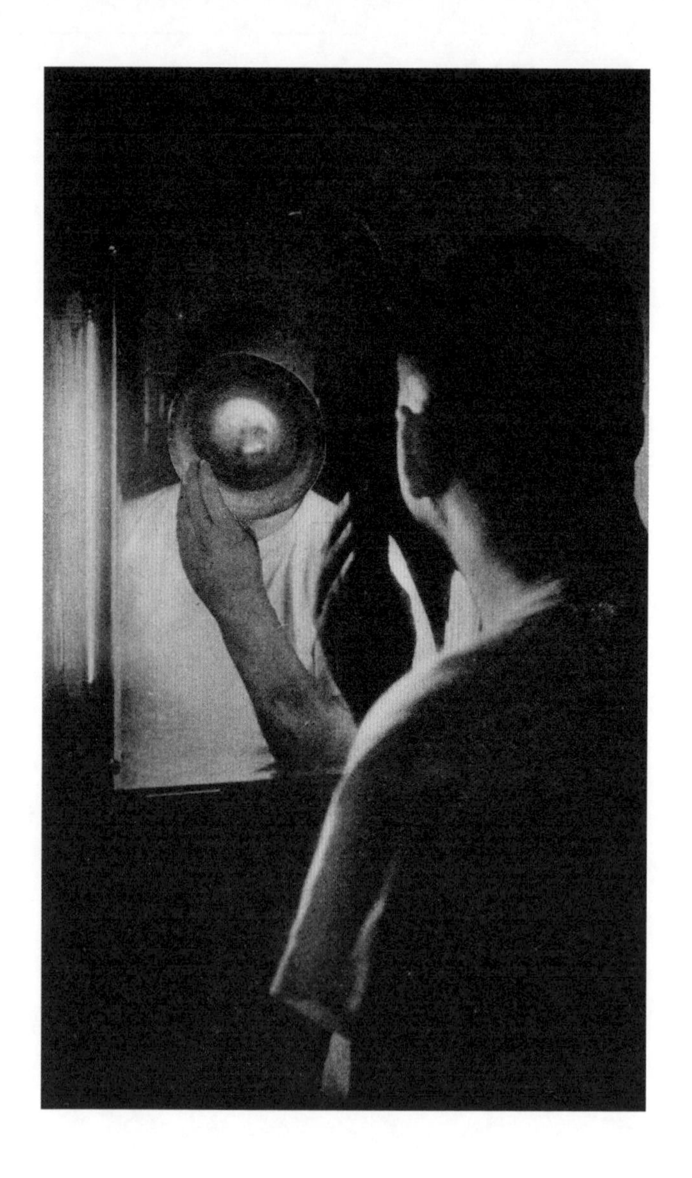

Photomontage 1961, Georges Hugnet (1906–1974)

REFLECTION
AND CHIMERA

SPIEGELBILD
UND SPUK

Als der Dadaist in den Spiegel blickte
sah er darin die schönsten Widersprüche
sich selbst und sein Gegenteil
Albernheit und Methode
Sinn im Unsinn
Grazie Anarchie
ein Stück Welt
zugleich absolut gar nichts
Es zeigten sich im Spiegelbild
Frauen Kinder ein Schaf
Beethoven mit Schnurrbart
selbst das Jesulein hatte einen Auftritt
mit herausgestreckter Zunge natürlich
Das alles überraschte ihn nicht
er wußte daß er schwebte
wie man im Traum über Treppen schwebt
oder wenigstens balancierte
komische Verwünschungen ausstoßend
lachend mit ernsten Augen
zierlich heulend
Ob die Widersprüche verschwanden
wenn man lang genug in ihrer Mitte
auf einem Bein tanzend
ausharrte

When the dadaist looked into the mirror
he saw some fetching contradictions
himself and his opposite
tomfoolery and method
sense within nonsense
anarchy and poise
a slice of the world
yet nothing at all
The mirror image showed
women children a sheep
Beethoven moustachioed
even little Jesus paid his respects
with his tongue stuck out of course
Not that any of this surprised him
he knew he was floating
as people in dreams float over flights of stairs
or keeping at least an airy balance
laughing with earnest eyes
muttering comical curses
gracefully howling
Might the contradictions vanish
if one persisted
long enough
in their midst

—

Über mich selbst gebeugt
sehe ich
unscharf
mein fremdes Gesicht
Gefäß des Zweifels
Chronik des Vergessens
Mühlstein täuschender Erinnerung
über den der Atem des Wassers
gleichgültig hinwegzieht

—

Bent over myself
I see
the blurred outline
of an unfamiliar face
a vessel of doubt
chronicle of oblivion
millstone of fraudulent memory
casually washed over
by the water's breath

—

Ob er geboren worden war
mußte offenbleiben
Er selbst erinnerte sich nicht an das Ereignis
und auf die Auskünfte anderer
ließ man sich nicht ein
Vielleicht hatte es ihn längst gegeben
ehe sein Bewußtsein davon Notiz nahm
ein Kuckucksei
seinen Eltern ins Nest gelegt
ein mißratener Demiurg
kläglich in dieses Dasein verstrickt
ohne Stapellauf
und
wie man fürchten durfte
ohne Ende

—

Whether he had been born
remained open to question
He himself did not recall the event
and one refrained
from trusting others
Perhaps he had existed
long before he noticed
a cuckoo's egg
planted in his parents' nest
a botched demiurge
marooned in this existence
unlaunched
and
who knows
unending

—

In den Innerungen meines Innersten
nistet innerlichst mein Ich
    Es kratzt an der Wirbelsäule
    klopft an die Magenwand
    beklagt den Weltlauf
    lacht mich aus
    oder stellt sich tot

Vorsichtshalber
wahre ich Distanz
    Man blinzelt sich zu
    von Ich zu Ich
    und beginnt
    mit gespitztem Mund
    vor sich hinzupfeifen

Einmal allerdings
es war an einem Mittwoch
    faßte ich mich ans Herz
    und beschloß
    offenen Auges
    ins Innere zu blicken
    Ich hielt den Atem an

Und was sah ich
eine Icherung von Ichen
    Kinder Tattergreise Lemuren
    Generationen von Seifensiedern
    einen Kreuzritter
    bei 127
    hörte ich auf zu zählen

In the innermost interior of my soul
there nests my utmost Me
    It scratches at my spinal column
    knocks against the stomach wall
    deplores the way of the world
    makes fun of me
    or feigns death

As a precaution
I keep my distance
    We wink at each other
    me and Me
    and begin
    to pout
    and whistle

Once however
it was a Wednesday
    I took heart
    and decided
    to peep into my utmost Me
    with open eyes
    I held my breath

And what did I see
a myriad of Mes
    children codgers lemurs
    generations of soap-boilers
    a crusader
    At 127
    I stopped counting

Da wende ich mich lieber gleich von mir ab
lasse mir innerlich zurück
    Vor dem Spiegel
    erfinde ich mich neu
    knete mich zurecht
    ziehe die Nase lang
    setze den Lichtpunkt ins Auge

—

Taking things as they are
I'd rather get rid of Me
    take an innermost back seat
    In front of the mirror
    I reinvent myself
    knead myself into shape
    elongate my nose
    set a spark of light into my eye

—

Niemand glaubt mirs
wenn ich beteure
Ich wars nicht
Nicht ich
habe den Hamster getötet
die Tauben im Taubenschlag
das Schaf vor Deinem Fenster
die Elstern und Maulwürfe
den Radfahrer auf der Straße
die Bettler
die auf Dein Haus starrten
die Frau in Deinen Armen
die Mutter den Vater
Nicht ich wars
der Dir im Spiegel das Zeichen gab
Du bist der Nächste

—

No one believes me
yet I can only repeat
It wasn't I
who killed your hamster
the doves in the dovecot
the sheep beneath your window
the magpies and moles
the cyclist on the road
the beggar staring at your house
the woman in your arms
mother father
not I
who winked at you in the mirror
You're next

—

Es gibt keine Wiederkehr
Wir rufen ins Leere
halten Muscheln ans Ohr
suchen im Spiegel nach Spuren

In der Erinnerung nur
trübt ihn Dein Atem
durchpflügt
weißdampfend
die eisige Luft

—

There can be no return
We cry out into the void
hold sea-shells to our ear
search for traces of you in the mirror

In memory alone
your breath mists the glass
furrows
with steaming white gusts
the icy air

—

Nach dem letzten Aushauchen
atmen wir gleich wieder ein
Das Leben läuft rückwärts
Eben noch
standen sie aufgereiht
unsere Nächsten
die Gesichter zum Weinen verzogen
Trockenen Auges
gehen sie hinaus
während unsere Haut sich strafft
bis wir selbst
mit vorsichtigen Schritten
das Haus verlassen
Auch die Engel
entfernen sich nun
In den Spiegeln
verschwinden sie zögernd
wie schwarzer Spuk
Zurückgespult
verjüngt sich die Welt
und macht uns am Ende
wieder zunichte

—

Having breathed our last
we instantly
start breathing again
Our life
runs in reverse
Only a moment ago
they stood in line
our nearest and dearest
their faces twisted with weeping
Dry-eyed
they depart
while our skin tautens
till we ourselves
gingerly
leave the house
Even the Angels withdraw
fading in the mirrors
like black imps
Re-wound
the world grows young again
and
in the end
blots us out
once more

—

Le Sauvetage, André Bauchant (1873–1958)

THANKS

DANK

Blindwütiges Schicksal
hättest du Augen
damit du sähest
daß du mich glücklich machst
blindlings
und für den Blitz eines Augenblicks
mein Entzücken teiltest

Ferocious fate
if only you had eyes to see
the bliss
you bestowed on me
blindly

succumbing
for the blink of an eye
to the spell
happiness casts

—

Acknowledgements

Dr Lachmann and Dr Witz removed
my appendix.

'Tritsch-Tratsch' is based on a BBC documentary showing a British congregation that regularly listened to this cheerful piece of music in order to get in touch with the Holy Ghost. An American sect, on the other hand, has made a point of succumbing to convulsions of laughter to be nearer to God.

Steinway, Bechstein and Bösendorfer are piano makers.

Mario Praz, an eminent art historian ('Black Romanticism'), was afflicted by the evil eye, or so Venetians thought.

Fufluns was the name of an Etruscan god of rapture mentioned by Elias Canetti.

Christian Morgenstern's 'The Knee' is a superb German nonsensical poem.

Justinus Kerner, a German Romantic poet, wrote 'Reiseschatten', a delightful mixture of travel book, shadow play, poetry, drama, prose and nonsense.

Georg Christoph Lichtenberg defined man as being 'half-ape, half-angel'. In Lichtenberg's view, the philosophy of angels might well read like $2 \times 2 = 13$.

Among several allusions to poems and events in 'Hugo Wolf' are quotations from Joseph von Eichendorff ('Grüß Dich, Deutschland, aus Herzensgrund') and Johann Wolfgang von Goethe ('Füllest wieder Busch und Tal'). Apparently, Hugo Wolf's mental derangement was exacerbated by Gustav Mahler's refusal to stage his opera 'Der Corregidor', after which Wolf claimed to be the Austrian Emperor.

Ludwig Wittgenstein suggested that the unutterable may be communicated by whistling.

'The most sophisticated way of speaking softly is silence' was lifted from one of Jean-Paul's many notebooks. ('Das feinste vornehme leise Sprechen wäre das Schweigen.')

That 'the devil lays his tail on everything' has been revealed by ETA Hoffmann. ('Der Teufel legt seinen Schwanz auf alles.')

Skeletons of ancient pygmy elephants were unearthed in Palermo.

'Take Dada seriously; it pays off' said Georg Grosz. In the face of such advice please note that 'whoever is a Dadaist is against Dada' (Raoul Hausmann).

The author wishes to thank Michael Morley ('Brahms I', 'Othello', 'Tritsch-Tratsch'), Susan Hohl ('Fury') and William Kinderman with Katherine Syer ('Dythyramb') for their splendid contributions to the versions printed here. Christopher Reid's suggestions have, as ever, been invaluable. And Richard Stokes has proved once again an inspired and devoted partner in the pursuit of transporting German (or rather Austrian?) poetry into English. That the results are called versions is borne out by the fact that they incorporate liberties a faithful translator would hardly feel entitled to take.

Finally, my special thanks go to the Wissenschaftskolleg in Berlin which provided highly civilized shelter during my work on this volume, and to Richard Schlagman who made it all possible.

ALFRED BRENDEL

List of illustrations

Page 96 · Max Neumann (b. 1949)
Untitled, monotype on paper, 118 × 79 cm (46½ × 31 in)

Page 130 · Max Neumann (b. 1949)
Untitled, monotype on paper, 47 × 63 cm (18½ × 24¾ in)

Page 132 · George Nama (b. 1939)
Angel, etching, 33 × 25 cm (13 × 9¾ in)

Page 148 · Werner Knaupp (b. 1936)
Volcano, pastel on paper, 93 × 120 cm (36½ × 47¼ in)

Page 160 · George Nama (b. 1939)
Devil, etching, 15 × 18 cm (5¾ × 7 in)

Pages 164–5 · Werner Knaupp (b. 1936)
Snake Heads, ink on paper, both 60 × 45 cm (23½ × 17¾ in)

Page 176 · *Double-faced Head*
wood, 29 × 20 × 20 cm (11½ × 8 × 8 in), Africa

Page 182 · Gottfried Wiegand (1926–2005)
Untitled, pencil on paper, 64 × 70 cm (25¼ × 27½ in)

Page 216–17 · Ernst Skrička (b. 1946)
Untitled drawings, ink on paper,
both 22 × 30 cm (8¾ × 11¾ in)

Page 265 · Elisabeth Haas (b. 1958)
Leo, collage, 14 × 9 cm (5½ × 3½ in)

Page 273 · Max Neumann (b. 1949)
Untitled, monotype on paper,
30 × 40 cm (11¾ × 15¾ in)

Page 284 · Elisabeth Haas (b. 1958)
Sebald, collage, 14 × 9 cm (5½ × 3½ in)

Page 299 · *Stuffed Baby Crocodile*
felt and cloth, 26 × 21 × 13 cm (10¼ × 8¼ × 5 in)
New Orleans

Page 334 · Arnulf Rainer (b. 1929)
Death Mask (Beethoven), photograph
overpainted with ink, 30 × 22 cm (11¾ × 8¾ in)

Page 365 · Luis Murschetz (b. 1936)
Three Tenors, ink on paper, 20 × 30 cm
(8 × 11¾ in)

Page 450 · Günter Brus (b. 1938)
Karl Kraus Listens to Music with the Brain Oscillograph, coloured pencil on paper,
30 × 21 cm (11¾ × 8¼ in)

Page 464 · Hans Arp (1886–1966)
Collage, coloured paper, 39 × 34 cm
(15¼ × 13½ in)

Page 504 · Oskar Pastior (1927–2006)
Untitled, ink on paper, 13 × 15 cm (5 × 6 in)

Page 514 · Max Neumann (b. 1949)
Untitled, monotype on paper, 20 × 14 cm
(8 × 5½ in)

Page 531 · Edward Gorey (1925–2000)
Elephant, etching, 11 × 15 cm (4¼ × 6 in)

Page 542 · Max Neumann (b. 1949)
Dr Lachmann and Dr Witz, watercolour
on paper, 30 × 40 cm (11¾ × 15¾ in)

Page 567 · Max Neumann (b. 1949)
Untitled, monotype on paper, 15 × 21 cm
(6 × 8¼ in)

Page 570 · Georges Hugnet (1906–1974)
Photomontage 1961, 20 × 12 cm (8 × 4¾ in)

Page 588 · André Bauchant (1873–1958)
Le Sauvetage, oil on canvas, 86 × 111 cm
(33¾ × 43¾ in)

Phaidon Press Limited
Regent's Wharf
All Saints Street
London N1 9PA

Phaidon Press Inc.
180 Varick Street
New York, NY 10014

www.phaidon.com

First published 2010

ISBN 978 0 7148 5986 6

A CIP catalogue record for this book is available from the British Library.

Designed by Christopher Wakeling

The poems are typeset in Georg Trump's Mediaeval, designed for the Weber Type Foundry, Stuttgart, and was first issued in 1954. The poems' section titles are typeset in Berthold Walbaum Standard, a face based on the original types cut by Justus Erich Walbaum at Goslar and Weimar in the early nineteenth century.

Printed in China